SAUSSURE

COLEÇÃO
FIGURAS DO SABER
dirigida por
Richard Zrehen

Títulos publicados

1. *Kierkegaard*, de Charles Le Blanc
2. *Nietzsche*, de Richard Beardsworth
3. *Deleuze*, de Alberto Gualandi
4. *Maimônides*, de Gérard Haddad
5. *Espinosa*, de André Scala
6. *Foucault*, de Pierre Billouet
7. *Darwin*, de Charles Lenay
8. *Wittgenstein*, de François Schmitz
9. *Kant*, de Denis Thouard
10. *Locke*, de Alexis Tadié
11. *D'Alembert*, de Michel Paty
12. *Hegel*, de Benoît Timmermans
13. *Lacan*, de Alain Vanier
14. *Flávio Josefo*, de Denis Lamour
15. *Averróis*, de Ali Benmakhlouf
16. *Husserl*, de Jean-Michel Salanskis
17. *Os estóicos I*, de Frédérique Ildefonse
18. *Freud*, de Patrick Landman
19. *Lyotard*, de Alberto Gualandi
20. *Pascal*, de Francesco Paolo Adorno
21. *Comte*, de Laurent Fédi
22. *Einstein*, de Michel Paty
23. *Saussure*, de Claudine Normand
24. *Lévinas*, de François-David Sebbah

SAUSSURE
CLAUDINE NORMAND

Tradução
Ana de Alencar e Marcelo Diniz

Estação Liberdade

FIGURAS DO SABER

Título original francês: *Saussure*
© Société d'Édition Les Belles Lettres, 2000
© Editora Estação Liberdade, 2009, para esta tradução

Preparação de texto e revisão	Tulio Kawata
Projeto gráfico	Edilberto Fernando Verza
Composição	Nobuca Rachi
Capa	Natanael Longo de Oliveira
Editor responsável	Angel Bojadsen

CIP-BRASIL. CATALOGAÇÃO-NA-FONTE
Sindicato Nacional dos Editores de Livros, RJ.

N765s

Notmand, Claudine
Saussure/ Claudine Normand; tradução Ana de Alencar
e Marcelo Diniz. – São Paulo : Estação Liberdade, 2009
184p. – (Figuras do saber ; 23)

Tradução de: Saussure
Inclui bibliografia
ISBN 978-85-7448-155-5

1. Saussure, Ferdinand de, 1857-1913. – Crítica e
interpretação 2. Linguistica. I. Título. II. Série.

09-1475.   CDD 410
                                               CDU 81'1

Todos os direitos reservados à
Editora Estação Liberdade Ltda.
Rua Dona Elisa, 116 • 01155-030 • São Paulo – SP
Tel.: (11) 3661-2881   Fax: (11) 3825-4239
http://www.estacaoliberdade.com.br

SUMÁRIO

Referências cronológicas	11
Prefácio	15
Introdução	23

PARTE I – Teoria linguística: um objetivo de gramático

1. Questões de linguista	33
2. O objeto língua	49
3. O princípio semiológico	61
4. Um sistema de valores	73
5. O *CLG*: uma epistemologia e uma metodologia	83

PARTE II – Questões e controvérsias

1. Um texto tomado na história de suas interpretações	113
2. Língua/fala: uma distinção "que permanece confusa"	127
3. O turbilhão dos signos	137
4. A semiologia	149
5. A questão do sentido	157
6. O efeito Saussure	169

Anexo   173

Breves notas sobre os autores citados   177

Indicações bibliográficas   181

À memória de Rolland Pierre

REFERÊNCIAS CRONOLÓGICAS

1857   Ferdinand de Saussure nasce em Genebra, em uma família aristocrática de longínqua ascendência lorena, estabelecida desde o século XVI na Suíça por motivos religiosos. Essa família, de "alta cultura intelectual" (Meillet), é em particular célebre pelo ancestral Horace Benedict, professor de filosofia e de ciências naturais na Academia de Genebra e herói da primeira escalada do Mont Blanc em 1787. Tanto o avô como o pai de Ferdinand eram versados em ciências naturais e o levarão por essa via, que lhe interessava menos do que a linguística.

1867   Publicação da *Gramática comparada*, de F. Bopp, traduzida por M. Bréal.

1872   Saussure escreve um "sistema geral da língua" intitulado *Ensaio sobre as línguas*. Após isso, um parente que ele admirava, Adolph Pictet, estudioso de "paleontologia linguística", aconselha-o a se afastar desse tipo de especulações.

1873   Saussure inscreve-se no Gymnase, que deixará em 1875.

1874   Saussure começa a estudar sânscrito.

1876   Seus primeiros trabalhos (sobre questões de etimologia) lhe valem a aceitação da Sociedade de Linguística de Paris. Mora um tempo em Leipzig, onde tem relações difíceis com certas celebridades da gramática comparada.

1878   Publicação em Leipzig de *Trabalho sobre o sistema primitivo das vogais nas línguas indo-europeias*. A obra, então mal recebida na Alemanha, é, em geral, considerada inovadora e decisiva em gramática comparada; foi com ela que Saussure conseguiu notoriedade perante seus contemporâneos.

1880   Saussure defende sua tese *Sobre o emprego do genitivo absoluto em sânscrito* e decide, após temporada de alguns meses na Lituânia, continuar seus estudos em Paris. Segue os cursos de Michel Bréal, de James Darmesteter (iraniano), de Abel Bergaigne (sânscrito) e de Louis Havet (filologia latina).

1881   Substitui Bréal na École des Hautes Études e ali ensina, de início, o gótico e o antigo alto alemão, em seguida o grego e o latim, e, mais tarde, o lituano; inaugura, assim, o ensino da gramática comparada na França e contribui para formar numerosos linguistas franceses, entre os quais Meillet.

1882   É nomeado secretário adjunto da Sociedade de Linguística.

1891   Apesar de lhe ser proposto substituir Bréal no Collège de France, decide deixar Paris por razões que permanecem pouco claras, entre as quais, por certo, o desejo de conservar a nacionalidade suíça.

1891-   Em Genebra, criou-se para ele uma cadeira de
1905   sânscrito e de línguas indo-europeias. Ministrará esse curso até sua morte. Casado, pai de

família, vive em Genebra, viaja pouco, escreve ainda menos a seus amigos e conhecidos e quase não mais publica artigos científicos; todo o trabalho sobre os nibelungos e sobre o que designa como "Pesquisa sobre os anagramas" permanece secreto, evocado apenas na correspondência com Meillet.

1906   O curso de linguística geral, que ele assume após a aposentadoria de Joseph Wertheimer, acrescenta-se aos cursos de gramática comparada e de sânscrito. Serão três períodos: de 16 de janeiro a 3 de julho de 1907; de novembro de 1908 a 24 de junho de 1909; de 29 de outubro de 1910 a 4 de julho de 1911.

1912   Doente, suspende suas aulas.

1913   Morre em fevereiro. "Ele havia produzido o mais belo livro de gramática comparada que já fora escrito, semeado de ideias e fundamentado com firmes teorias, deixou sua marca sobre inúmeros alunos; no entanto, não cumprira todo seu destino" (A. Meillet).

1915   Fundação do Círculo de Praga, do qual faz parte, notadamente, Roman Jakobson.

1916   Publicação do *Curso de linguística geral* (*CLG*)[1], obra reconstruída a partir de diferentes

---

1. Os textos que o próprio Saussure publicou, todos no campo da gramática comparada, representam um conjunto muito pequeno, desproporcional à notoriedade científica adquirida em vida e ao efeito considerável do *CLG* sobre o pensamento moderno. Sabe-se hoje, após décadas de pesquisa filológica, que Saussure deixou milhares de páginas sob a forma de rascunhos: inúmeras anotações sobre a linguística geral, cadernos sobre as lendas germânicas, pesquisas sobre a poesia indo-europeia. J. Fehr (2000) faz um balanço a respeito da amplitude desses inéditos. Neles ainda há o que se descobrir, mesmo que permaneça o mistério desse silêncio público, incomum no mundo acadêmico. A essa discrição, associada frequentemente ao isolamento no qual o mantinham ideias

cadernos de estudantes por seus colegas Charles Bally e Albert Sechehaye, com a ajuda de Albert Riedlinger, ouvinte dos cursos.

---

novas demais para serem ouvidas, pode-se opor a lembrança que ele deixou como um professor fascinante. Meillet, seu aluno em Paris, lembra assim o jovem *maître de conférences* na École des Hautes Études: "O auditório ficava em suspenso por esse pensamento em formação que se criava à sua frente e que, no momento em que se formulava da maneira mais rigorosa e mais atraente, colocava em espera uma fórmula mais precisa e mais atraente ainda. Sua pessoa fazia amar sua ciência". Sente-se a mesma admiração na homenagem de seu aluno suíço Gautier, evocando a imagem última de um "cavalheiro que envelhecia, mantendo-se digno, um pouco fatigado, carregando no seu olhar sonhador, ansioso, a interrogação sobre a qual se fechará doravante sua vida" (Mauro, p. 336 e 358).

PREFÁCIO

Curso de linguística geral: um texto chamado "Saussure"

Quem acreditaria hoje que, nos anos 1970, o *Curso de linguística geral* teve valor de manifesto; que o nome de Saussure seria quase uma palavra de ordem, entusiasmando alguns e sendo rejeitado por outros? Lembro-me do livro de bolso de J. L. Calvet, *Por e contra Saussure*: a capa, ilustrada por Kerleroux, mostrava uma manifestação em que se opunham bandeirolas – "Viva Saussure!", "Abaixo Saussure!" e, bem grande, "Pela linguística social!" –, uma efervescência ininteligível para a atual geração de linguistas. Quem era a favor? Quem era contra? Contra o quê? E qual era a reivindicação "social"?

Houvera já, alguns anos antes, uma crise violenta em torno de Racine, que ultrapassava o círculo da crítica literária. Roland Barthes havia sido o alvo acadêmico da Sorbonne: "Nova crítica, nova impostura", proclamava Raymond Picard, prenunciando Sokal e Bricmont, mas nas regras mais clássicas de um debate público[1] claramente injurioso. A agitação, a princípio limitada à interpretação de um dos monumentos mais sagrados da literatura clássica, era um dos signos anunciadores do

---

1. Sobre o episódio dos anos 1965-1966, cf. F. Dosse, *Histoire du structuralisme*, I, Paris, La Découverte, 1991, p. 276-82. [Ed. bras.: *História do estruturalismo*, I, Bauru, Edusc, 2007.]

movimento de contestação teórica e política mais amplo que viria ocupar os anos seguintes. Em sua resposta, Barthes opunha à antiga crítica uma "ciência da literatura", cujo modelo, escrevia ele, "seria, evidentemente, a linguística" (*Crítica e verdade*); a linguística, ou seja, Saussure, nesse mesmo ano, nos *Elementos de semiologia*, fazia a primeira apresentação sistemática fora do círculo estreito dos linguistas.

Para os linguistas, Saussure era certamente bem conhecido, mas antes como um estudioso da gramática comparativa, precocemente falecido, que deixou uma obra inacabada. O *Curso de linguística geral*, tal como, após sua morte, seus editores o haviam reconstruído a partir de cadernos de notas de estudantes, suscitou interesse e críticas sem que ninguém visse nele um barril de pólvora suscetível de ser ameaça à tradição universitária. Eis que, com a explosão dos anos 1960, ele se encontrava sob a mesma bandeira de Marx e Freud, frequentemente acompanhados de Nietzsche, Lautréamont e Mallarmé, contra o velho mundo e seus valores rançosos.

Jovens linguistas dos anos 1970, éramos muitos a afirmar, contra nossos mestres comparatistas, a modernidade radical do *CLG*. Para alguns, ele marcava a origem da linguística científica; outros, mais prudentes, ou um pouco menos ignorantes, buscavam interrogar a mudança que ele introduzira, compreender-lhe o processo e avaliar seu alcance. Fazia-se nele, então, um "corte epistemológico", nos termos que Althusser, retomando Bachelard, propunha para Marx. Essa metáfora pesada encontrava-se cheia de implicações políticas, sensíveis na violência do debate. Pensávamos – e com razão, continuo a crer – que Saussure provocou uma reviravolta na linguística; quanto à reviravolta do mundo, basta seguir o movimento...

Para os estudantes de hoje, trata-se de sua pré-história; para o grande público, de um mundo desconhecido ou esquecido; para os críticos de hoje, sérias ilusões que teriam retardado o movimento da ciência "séria". Há ainda os linguistas que, por vezes, admoestam os defensores de uma linguística que permaneceria excessivamente saussuriana, repetindo que já é chegada a hora de sair do que eles consideram uma "prisão". Mas de qual Saussure se trata? O *Curso de linguística geral* é ainda lido? E quem o lê?

Continuam aparecendo inúmeros escritos que invocam Saussure (artigos, atas de colóquios, introduções...) que são compreendidos, por vezes, como *a leitura* de um pensamento de algum modo reencontrado, livre das alterações e comentários. A que público se dirigem essas interpretações de especialistas? Pois o texto propriamente dito, o que durante várias décadas foi atribuído a Saussure e comentado sob seu nome, mesmo que se conhecesse seu estatuto de obra modificada, escrita posteriormente e por outros, esse *Curso*, que teve efeitos tamanhos que se pode falar de *saussurismo* ou mesmo de *saussurianismo*, qual é seu modo de existência hoje? Dele não há, na França, edição de bolso, apesar de circularem nesse formato, depois de muito tempo, Benveniste, Jakobson, Barthes, que a ele se referem como a um momento decisivo para seus próprios trabalhos. O panfleto de J. L. Calvet, ao qual fiz alusão, foi publicado em uma coleção de bolso, no momento mesmo em que, pelo mesmo editor (Payot), o texto saussuriano era acessível apenas em uma edição crítica cujo aparelho de notas, precioso para uma leitura aprofundada, incita pouco a uma primeira aproximação.

Uma leitura do conjunto do *Curso*, se é que ela é possível, nunca foi encorajada; contenta-se, o mais frequentemente, com extratos que ilustram uma apresentação comentada. Essa situação não foi imposta nem pela dificuldade nem pela extensão do texto; ela remete a escolhas editoriais que têm, como consequência lamentável, desencorajar essa primeira leitura de exploração pessoal que seria corrente nos anos de descoberta do estruturalismo. Não seria mais interessante ler o *Curso* diretamente, como muitos de nós o fizemos na surpresa da novidade e com a ingenuidade da ignorância, e como, depois de muito tempo, foi possível fazê-lo com Foucault, Freud e tantos outros? Saussure está condenado a ser acessível apenas pela floresta de comentários e pelo quebra-cabeça de fragmentos reencontrados?

O objetivo deste livro, que, mais do que uma introdução, quer-se um estímulo à descoberta, é de proporcionar, a princípio, o desejo de retomar a leitura do *CLG* tal como foi publicado em 1916 por Charles Bally e Albert Sechehaye; esse texto, muita vezes reeditado e traduzido, continuarei, segundo a tradição, a chamá-lo de *Saussure*. Não se trata, evidentemente, de ignorar os trabalhos filológicos, mas de resguardar-lhes seu papel de complemento e correção eventual, recusando que eles sejam obstáculos a uma primeira reflexão sobre o *Curso* como texto, único texto facilmente legível de modo corrente, um texto para ser lido como tantos outros o fizeram com grande proveito.

Escolher a palavra texto para designar *Saussure* quer dizer que nós não nos situaremos em uma perspectiva de "cientificidade". Considerado no desenvolvimento das ciências da linguagem, para a maior parte dos linguistas de hoje, o momento saussuriano é datado e, por isso mesmo, ultrapassado, qualquer que tenha sido sua consequência histórica. Um linguista pesquisador pode muito bem passar sem ele, conhecendo-o apenas por ouvir dizer ou por vagas lembranças; este é, inclusive, o caso geral. Mas ele é ainda um texto de ideias, de reflexão absolutamente original sobre a linguagem, a especificidade do objeto-língua, as armadilhas da evidência e da trivialidade

Prefácio

nas ciências humanas, e, como tal, sua leitura torna-se estimulante, mesmo para os linguistas.

Pode-se julgar a importância de um texto pelo que ele comporta em si mesmo e não pela referência a um autor solitário e consagrado. A tendência é, sobretudo hoje, de retornar ao "autor" em busca do que se presume que, como pessoa, ele desejasse comunicar. Tende-se, então, a invalidar o caminho da leitura precedente, julgada redutora: certa hermenêutica recobre a semiótica; o "verdadeiro" Saussure importa mais que esse curso póstumo, publicado sob seu nome e sem sua consulta. Se escolhi comentar essa obra "apócrifa", foi para fazer justiça àquele que teve suas consequências e que sempre pode vir a tê-las, falando de modo diferente a cada um de nós segundo seu próprio itinerário através da selva das pesquisas linguísticas.

Desse texto pode-se fazer apenas uma abordagem pessoal; um comentador, tão admirador quanto crítico, dizia desde 1917:

> mais que meu desacordo com ele [...] o que conta aos meus olhos é que seu livro faz circular um espírito vivificante e independente, eu arriscaria mesmo dizer, um espírito de revolta. Não precisamos disso, frequentemente, para não sucumbir nas tarefas rotineiras? Enfim, o mérito de Saussure é de nos obrigar a pensar de novo o que já foi pensado e de, ao menos parcialmente, invertê-lo [...] Os erros de um pensador independente são sempre cem vezes mais preciosos que os sucessos que acolhem um indivíduo desprovido de ideias. (H. Schuchardt)

Os comentários atuais tampouco escondem que continuam a rejeitar esse pensamento como um entrave insuportável a seu desejo de ampliar as pesquisas; ou que, ao inverso, lhe reservam um lugar em "uma ciência da língua"; ou, ainda, que o colocam ao lado da filosofia em uma reivindicação anunciada como interpretação. Pessoalmente, eu o trato como um objeto histórico: *histórico*, como Descartes, Espinosa, Freud e tantos outros que não deixamos de reler, porque nos dizem, de uma só vez, o seu tempo e a novidade que desejam introduzir; *objeto*, como, entre os clássicos, dizia-se do que suscitava paixão, envolvimento ou, ao menos, interesse suficiente para trabalhar para conquistá-lo, sem esperança de, verdadeiramente, conseguir isso.

Trata-se de um texto bem estranho, que suscita o embaraço de todos aqueles que se preocupam com a exatidão de um manuscrito e a autenticidade de um pensamento. Com efeito, o que se reúne sob o título *Curso de linguística geral* é apenas um esboço de um curso, ou, mais precisamente, de três cursos, discursos preciosamente recolhidos, anotados e transmitidos até nossos dias pelos cuidados dos discípulos e amigos de Saussure; mais que um texto póstumo, deveríamos falar de "discursos" póstumos, eco refratado em vários cadernos de notas de uma voz que, ao que parece, fascinava os auditórios. A decisão corajosa, segundo seus próprios termos, e, aos olhos de muitos, aventurosa, dos editores de 1916 foi a de reconstruir um curso que, como tal, nunca foi dado. O empreendimento não é absolutamente inédito; no entanto, esse suscitou, como nenhum outro, muitas paixões.

Esse texto que o "mestre" não escreveu, não achou por bem escrever, a história da linguística e, mais amplamente, do pensamento moderno (aquele das ciências sociais), dele se apropriou, tornando-o, durante todo o período dito "estruturalista", um emblema e uma referência. Ainda que, desde 1957, se dispusesse de certo número de "fontes manuscritas" editadas por R. Godel, continuou-se, geralmente, a ler e a citar o *CLG* sem se colocar a questão acerca da autenticidade do pensamento assim atribuído a Saussure. De certo modo, foi paralelamente que um trabalho filológico minucioso se desenvolveu sobre os cadernos de notas que serviram de base à edição sobre outros textos e fragmentos pouco a pouco reencontrados acerca de temas frequentemente distantes do *Curso* propriamente dito; descobrem-se, ainda hoje, cadernos inteiros de notas ou esboços, desordenados, corpos desmembrados de uma escrita lacunar de rasuras e repleta de brancos. Esse rigoroso trabalho de crítica textual conhece o destino de toda hermenêutica: contribuiu para constituir um texto sagrado cuja exegese se aplica a completar e comentar a busca do "verdadeiro Saussure". Correlativamente, o *CLG* da edição de 1916 é designado como a "vulgata", termo tornado banal que testemunha a sagração do processo. Alguns chegam a acusar os editores de ter deliberadamente deformado, travestido, ou mesmo censurado o pensamento saussuriano.[2] O texto do *Curso*, em sua continuidade e sua coerência reconstruídas, encontra-se assim sob suspeita, até mesmo despojado de qualquer valor, substituto enganador oposto ao pensamento autêntico que teria um texto ideal e, como tal, inacessível, de que conhecemos apenas fragmentos ou uma versão, ela mesma, forçosamente reconstituída.

Para quem quer ler Saussure hoje, a escolha seria então entre um "falso" e uma massa de erudição. Desencorajados pela dificuldade de acesso à edição crítica de Engler, mas paralisados pelo receio de expor os erros e de trair o pensamento do "mestre de Genebra", aqueles que são encarregados hoje de orientar um primeiro acesso

---

2. O representante exemplar dessa linha é Simon Bouquet, cujo trabalho de erudição, aliás extremamente precioso, peca por esse pressuposto estranhamente agressivo, apesar de o escrupuloso editor das fontes manuscritas, Rudolph Engler, jamais ter tomado essa atitude.

ao texto saussuriano (por exemplo, aqueles que ensinam a linguística no primeiro ano da universidade) hesitam e são tentados a renunciar a isso ou a se limitar à enumeração de algumas noções dispersas. No entanto, Saussure permanece, ao menos na tradição da linguística francesa, uma passagem obrigatória. Compreende-se o embaraço dos professores e o desinteresse dos leitores potenciais, confortados pelo movimento atual de desvalorização dos anos estruturalistas, qualificados, quando muito, de "miragem linguística", quando pouco, de simples "impostura".

Entretanto, a coexistência entre os trabalhos filológicos (digamos a "saussurologia") e um trabalho de difusão e reflexão renovada sobre Saussure não parece impossível, como testemunham certos encontros e trabalhos recentes. Os efeitos frequentemente apaixonados da época da recepção, em que R. L. Wagner via imporem-se, com urgência, os "exames de consciência linguísticos", estão, sem dúvida, acabados, mas não a possibilidade de refletir sobre o sistema conceitual saussuriano, sobre sua linha de pensamento e seu estímulo para seguir adiante, para além, como o fez Benveniste; em suma, para usar com toda a liberdade essa *herança* histórica, sem se deixar impressionar pelo argumento, tendenciosamente terrorista, dos "originais".[3]

---

3. Tomo de empréstimo aos trabalhos de J. L. Chiss e C. Puech essa distinção entre *recepção* e *herança*. Para não tornar a leitura pesada, evitarei, de agora em diante, as notas de pé de página. Os complementos e as referências serão introduzidas seja sucessivamente nos capítulos seguintes, seja nos esquemas do Anexo, da Bibliografia e notas biográficas.

INTRODUÇÃO

Um curso de linguística geral: um mundo de questões

> Qual é o objeto ao mesmo tempo integral e concreto da linguística? A questão é particularmente difícil. (23)

Saussure não inventou a expressão "linguística geral", talvez nem mesmo a tenha escolhido; sabe-se somente que o curso de que ele foi oficialmente encarregado em Genebra assim se intitulava. Era então uma expressão corrente. Mas o que ela indicava exatamente? Que servisse para designar um programa de curso deixaria supor um acordo da comunidade dos linguistas sobre um conjunto bem estabelecido de conhecimentos. Na verdade, esse não era o caso de nenhuma maneira e, desde o fim do século XIX e ainda nas primeiras décadas do século XX, a fórmula remetia sobretudo a um programa de pesquisa, ou mesmo a um projeto sempre recomeçado. O acordo existia apenas acerca da necessidade, ou mesmo da urgência, dizia-se por vezes, de elaborar essa ciência geral das línguas que era vista dentro do modelo das ciências da natureza; mas, quanto aos meios de realizar esse programa e quanto ao objetivo visado, as posições, quando formuladas, eram diversas. Foi a essa confusão que Saussure deu fim por uma orientação decisiva, mesmo que não tenha sido reconhecido a princípio por todos, como testemunha o prefácio de J. Vendryes à sua obra de linguística geral, *Le langage* (datada de 1914, publicada em 1921):

> Estudar a linguagem em linguística conduziria simplesmente a elaborar um tratado de linguística geral. Ora, qualquer um que esteja minimamente a par das coisas linguísticas sabe bem que não há empreendimento mais perigoso. Seria necessário, para realizá-lo, um homem capaz de abarcar todas as formas de linguagem conhecidas, habituado à prática de todas as línguas faladas sobre o globo. Esse homem ideal poderia ser encontrado? É duvidoso. Caso se tratasse de designar entre os vivos aquele que mais se aproxima disso, os conhecedores talvez até se sentissem aptos a escolher. Mas o fato é que, até aqui, nenhum livro apareceu ainda em que o programa de uma linguística geral fosse completamente realizado [e aqui uma nota]. Isso não mais é completamente verdadeiro após a publicação, em 1916, do livro de F. de Saussure; mas essa obra póstuma, malgrado a abundância de perspectivas que ela apresenta, não é uma exposição metódica e completa de linguística geral. (3-4)

Mas o que seria então a linguística para que parecesse necessário torná-la "geral"? O termo se impunha, depois do começo do século XIX, para designar as observações e descrições feitas da língua em uma perspectiva demarcada tanto pela gramática tradicional como pela filologia crítica de textos clássicos. Das consideráveis novidades introduzidas pela gramática comparada que se organizava no começo do século, atenta-se aqui apenas para o que é resumido na anotação de F. Bopp no prefácio de sua *Gramática comparada* (1833):

> As línguas de que trata esta obra são estudadas por elas mesmas, ou seja, como objeto e não como meio de

Introdução

conhecimento; busca-se mais representar-lhes a física e a fisiologia do que ensinar seu manejo prático. (Trad. para o francês de M. Bréal, 1866)

Assim, o estudo das línguas constituía, com frequência, uma atividade interessante em si, dispensando-se do papel tradicional de pedagogia da língua ou de auxiliar no estudo dos textos. Desde então, dizer-se linguista é retomar, com esse espírito, as análises gramaticais; é, partindo de uma formação de filólogo, proporcionar a descrição de todas as línguas sem exclusividade e, em particular, sem preconceito cultural; é como afirmar, então, que toda língua, enquanto tal, merece ser descrita, buscar-se suas relações com outras línguas de mesma "família" ou reconstruir-se sua história a partir de documentos existentes. O estudo das línguas clássicas, renovado pela comparação e pela história, abre a pesquisa de um novo mundo: as línguas ditas "orientais" a princípio, testemunhas de uma civilização que exalta a imaginação dos primeiros indo-europeístas; em seguida, toda língua é tornada terreno de estudo possível, mesmo com a ausência da tradição escrita: línguas ameríndias, línguas "negras", kavi da ilha de Java descrita por Humboldt e, logo em seguida, os dialetos que ganham o mesmo estatuto linguístico das línguas nacionais.

Após um século de descrições associando comparação e história, os resultados empíricos multiplicam-se, ao mesmo tempo que surgem as dificuldades. A classificação genealógica pelas "famílias" – objetivo inicial – deu um princípio de ordem, mas ela não é geral e convém, sobretudo, às línguas indo-europeias, nas quais os testemunhos escritos abundam; é pouco aplicável às línguas sem escrita das quais não se pode reconstituir a história, e é insuficiente para se dar conta da diversidade dialetal. A descrição precisa e fragmentada de todo tipo de fenômenos linguísticos não satisfaz à necessidade de explicação; as grandes questões (a origem da linguagem, as relações linguagem-pensamento...), descartadas por serem "especulativas", ressurgem como tantos outros problemas que não se querem restringir à filosofia; pois cabe aos pesquisadores fazer a filosofia de sua ciência. Sob o efeito do positivismo filosófico, particularmente importante na França, a multiplicação de reflexões sobre "a ciência", suas condições, seus métodos, seus resultados, convida os linguistas a esse domínio que deveria combinar a generalidade dos princípios e a síntese dos resultados. Mas como proceder?

Em geral, parte-se da evidência do termo *linguagem*: como ele é portador em si da generalidade, evita-se a necessidade de se perguntar sobre ela. Então, retomam-se as grandes questões, seja para afastá-las (é o caso da origem da linguagem, assunto durante algum tempo proibido nas comunicações consideradas cientificamente respeitáveis pela Sociedade de Linguística de Paris), seja para buscar-lhes respostas em outras disciplinas. Se a recorrência à biologia, frequente na primeira metade do século XIX, é desde então e pouco a pouco abandonada, a sociologia e a psicologia, filhas bastardas da filosofia que gozavam de um recente prestígio científico, são apoios muitas vezes invocados para retomar as questões das relações entre a linguagem e o pensamento ou a sociedade. Mas a linguística viria a se contentar em ocupar, sob a rubrica "linguagem", um setor dessas novas ciências já bem institucionalizadas pelas revistas, cargos, laboratórios? Pode ela apoiar-se sobre os resultados desses novos domínios do saber e, ao mesmo tempo, reivindicar uma autonomia que seus próprios resultados justifiquem? E esses resultados, abundância de descrições e classificações parciais, o que permitiriam eles em uma apresentação geral: formular leis? tendências? princípios?

Estar-se-ia, então, seguro de que se descreveu o suficiente para se autorizar induções válidas? Não seria necessário esperar abarcar a totalidade das línguas para enunciar as generalidades da linguagem?

Questões dessa ordem, impasses do empirismo, eram ainda frequentes nos anos 1920-1930 quando se considerava a linguística geral. Quando a exaustividade da observação se constitui como um procedimento, é o próprio método que se apresenta como problema, bem como o objetivo, conforme se pode ver nas observações de Vendryes; é daí que partem os problemas apresentados por Saussure acerca da linguística de seu tempo. A situação é, então, a seguinte: a linguística geral existe porque aparecem, antes e depois de 1916, trabalhos de síntese que remetem ao objeto *linguagem* e se esforçam por fazer a relação entre a diversidade de descrições de línguas e a unidade de uma teoria da linguagem; é até mesmo o objeto de um curso de A. Meillet no Collège de France em 1906, cuja aula inaugural anuncia: "Estado atual dos estudos de linguística geral"; mas sua abordagem não dá relevo a um mundo de problemas, caso se leve em conta as observações (particulares) de Saussure:

> Mas estou muito insatisfeito com tudo isso e com a dificuldade que há, em geral, de escrever somente dez linhas que possuam sentido quanto aos fatos da linguagem. Preocupado sobretudo, desde há muito tempo, com a classificação lógica desses fatos, com a classificação desses pontos de vista sobre os quais nós tratamos, mais e mais eu vejo a enormidade do trabalho que se faz necessário para mostrar ao linguista o que ele faz, reduzindo cada operação à sua categoria prevista; ao mesmo tempo, a grande variedade de tudo o que se pode enfim fazer na linguística. [...] Incessantemente, essa inépcia da terminologia corrente, a necessidade de reformá-la e

de mostrar dessa forma que tipo de objeto é a língua em geral vêm arruinar meu prazer histórico, ainda que eu tenha o mais caro desejo de me ocupar exclusivamente da língua em geral. (Godel, *SM*, 31)

O que é assim invalidado, tanto quanto a confusão das observações gerais, é o método de descrição dos fenômenos. Saussure modificara, profundamente, o princípio em seu trabalho de comparatista (1878), tão admirado, no entanto, aparentemente, tão pouco seguido. É que isso supunha modificar, de início, o ponto de vista acerca da atividade linguística, o que é explicitamente proposto no *Curso*.

O CLG: *"A língua à luz de uma teoria nova"* [1]

Basta comparar o enunciado das tarefas que o *Curso* designa à linguística para se perceber a diferença do que era geralmente apresentado a título de síntese sobre a linguagem. Apesar das precauções dos editores, lê-se no *Curso*, e de forma não apenas subentendida, as críticas de Saussure a seus contemporâneos. Os manuscritos explicitam essa crítica de modo frequentemente radical e lhe acrescentam, sob inúmeros aspectos, as dúvidas pessoais de Saussure, que os editores ignoravam ou deixavam de lado mesmo quando eram evidentes em seu caderno de notas. Sobre a novidade, bem como sobre a solidão desse empreendimento, as reações dos linguistas à publicação de 1916 dão indicações esclarecedoras; em suas críticas, ou seja, em sua surdez, encontram-se pontos que nos parecem hoje contribuições das mais importantes: uma verdadeira teoria da língua, livre das

---

1. Título da resenha feita por A. Sechehaye, em 1917, na *Revue Philosophique*.

trivialidades acerca da linguagem, a necessidade de um novo fundamento terminológico e, portanto, conceitual que se destaque das evidências, o estabelecimento de critérios que permitam destacar os dados verdadeiramente interessantes na massa das observações, a elaboração de um método de descrição conforme os princípios teóricos.

Tratar-se-ia, em suma, para a "ciência que se constituiu em torno dos fatos da língua", apenas de "reconhecer qual é seu verdadeiro e único objeto". É assim que começa o *Curso*, com uma estranha combinação de certeza, de inquietude e de desejo que acompanhará toda nossa leitura. O que se anunciou então, desde o começo, é que, de fato, essa ciência passou por três fases sucessivas antes de "reconhecer" seu verdadeiro objeto, o que deve ocupá-la exclusivamente. O primeiro capítulo da "Introdução", que se apresenta como um "visão geral da história da linguística", faz que se espere, desde essa primeira asserção, o fim das hesitações de uma longa história com a apresentação de uma teoria enfim segura, se não acabada; mas a última frase do que não passa, efetivamente, de uma visão ligeira sobre essa longa tradição, introduz certa perplexidade: "Hoje, ainda, os problemas fundamentais da linguística geral esperam solução". Isso quer dizer que esse novo curso se propõe a nos dar essa solução ou servirá apenas para colocar claramente os ditos problemas? Há de se ver que o estilo do *Curso*, misturando sem cessar perguntas retóricas e interrogações verdadeiras, asserções "precipitadas" e argumentações bem construídas, situa-o no gênero dos textos cuja força de persuasão não se restringe somente ao rigor da demonstração, mas também pelo que apresenta de certo ingrediente pouco acadêmico.

A apresentação que segue será, em um primeiro momento, deliberadamente simplificada e abertamente pessoal, colocando a tônica sobre o que, nas primeiras e bem antigas leituras, pareceu-me como um conjunto radicalmente novo em relação ao que se escrevia nesse domínio. Não segui com rigor extremo a ordem do *Curso* para destacar as noções fundamentais, buscando mostrar como elas se constroem, implicam-se, correspondem-se segundo uma ordem que está longe de ser linear. É necessário passar por esse conjunto, frequentemente entrelaçado, para se compreender o estatuto e o papel que Saussure dá à linguística geral. Essa ordem permitirá retornar às questões e controvérsias que jamais deixaram de fazer parte das interpretações recentes, elas próprias ligadas ao desenvolvimento das ciências da linguagem.

PARTE I

Teoria linguística:
um objetivo de gramático

*Pois a única ideia suficiente seria
a de apresentar o fato gramatical
em si mesmo e no que o distingue
de qualquer outro ato psicológico
ou, além disso, lógico.*

(Notas, 1908)

1

Questões de linguista

Para aquele que se diz linguista, a questão específica que o distingue em particular de um filósofo é, a princípio: como analisar uma língua para compreendê-la enquanto tal, como descrever-lhe o mecanismo? O problema que lhe é próprio não é: por que há linguagem? Ou sua variante: qual é a origem da linguagem? A questão fundamental é como combinar, segundo um método homogêneo, a análise de elementos em jogo em determinada língua e a descrição de seu funcionamento significante; como faz uma *língua* para significar, mais do que como se faz com que a *linguagem* signifique.

A questão dos meios da descrição envolve, sem dúvida, um objetivo de explicação, no entanto ele é, em geral, implícito; ele parece ultrapassar o domínio que se designa aquele que busca primeiramente, além da observação imediata que lhe fornece a comunicação, compreender os fenômenos que, em outra esfera, permitem essa comunicação. Ao se colocar esse tipo de questões diante de tal palavra ou tal enunciado que subitamente surpreende, além da evidência do que eles dizem, descobre-se uma curiosidade de linguista mais do que de um filósofo ou etnólogo: a necessidade de compreender como a língua funciona em tal caso particular e se é possível, comparando casos de mesmo tipo, definir propriedades comuns.

É assim que começa o *Curso de linguística geral*, definindo, a partir de um panorama de sua história, a linguística como "a ciência que é constituída em torno dos fatos da língua" (13); "fatos da língua" e não expressão do pensamento ou fenômenos de comunicação. Mas, então, "o que é a língua?" (25). Ao interrogar essa evidência, Saussure inaugurou o que é geralmente reconhecido como uma mudança radical no campo da linguística de seu tempo:

> A língua; sua definição
> Qual é o objeto ao mesmo tempo integral e concreto da linguística? A questão é particularmente difícil; veremos mais tarde o motivo; aqui apenas iremos apreender essa dificuldade. (23)

Essa questão e sua resposta, diferida, são aquelas de um teórico da linguística e é como tal que, com razão, apresenta-se Saussure frequentemente; mas essa questão teórica, à qual o *Curso* se propõe a responder, é suscitada a princípio por uma preocupação de linguista pesquisador, que é, por muitas razões, a de um gramático; uma preocupação de linguista confirmado, habituado com a análise comparada e a história das línguas tanto quanto com a gramática tradicional, no entanto mais e mais embaraçado pelas dificuldades que os métodos habituais levantam, os problemas que estes não podem resolver e, finalmente, as evidências que eles veiculam e que deveriam ser elas próprias questionamentos: sobre a linguagem, a correspondência entre pensamento e som, a coexistência em qualquer língua de um sistema e de uma história, a manifestação das particularidades individuais no uso comum, etc. É então que, afirma Saussure, "o objeto da linguística nos aparece como um conjunto confuso de coisas heteróclitas sem ligação entre si" (24), tanto que um linguista consciente, que não esteja dominado pela rotina de uma técnica recebida, não deveria sequer saber qual método aplicar à descrição de um fenômeno aparentemente tão simples quanto a palavra francesa *nu*:

> Alguém pronuncia a palavra francesa *nu*: um observador superficial será tentado a ver aí um objeto linguístico; mas um exame mais atento fará encontrar aí, sucessivamente, três ou quatro coisas perfeitamente diferentes segundo a maneira com que se o considere: como som, como expressão de uma ideia, como correspondente ao latino *nudum*, etc. (23)

O ponto de vista e o objeto

Interrogar-se sobre o que se faz em uma descrição e em uma reflexão sobre uma língua, buscar qual é o modo de proceder adequado, é tomar uma posição epistemológica. Um linguista, que não é um "observador superficial", pode, no entanto, contentar-se em aplicar o método provado que ele adquiriu e experimentou com sucesso; mas, ao fazê-lo, adota "um ponto de vista", mesmo que acredite estar apenas se submetendo aos "fatos". A posição adotada acerca do objeto estudado parece natural apenas por ser, em um momento dado, largamente partilhada.

Na época em que Saussure leciona a *linguística geral*, a evidência para os linguistas é de que eles se ocupam com a *linguagem* e com as *línguas*; assim o afirmam, sem estabelecer uma relação clara entre esses dois termos, e sem que jamais se saiba se o termo *linguagem* representa o conjunto de línguas, uma língua qualquer que se estime valer por todas as línguas, uma faculdade (social e/ou natural) comum a todos os homens, nem qual estatuto possui uma língua concreta em relação a essa generalidade. Eles dizem também, após décadas de estudo histórico das línguas, que tudo na linguagem é histórico:

> O único estudo científico da linguagem é o método histórico [...] todo estudo linguístico científico que não seja histórico em seus objetivos nem em seus métodos pode ser explicado somente ou pela deficiência do pesquisador, ou pela insuficiência das fontes de que ele dispõe. (Hermann Paul, *Prinzipien der Sprachgeschichte*, 1880, trad. franc. P. Caussat)

No entanto, outros afirmam que tudo é social e, ao mesmo tempo, que existe um *sistema*:

> A realidade de uma língua [...] é, ao mesmo tempo, linguística e social. Ela é linguística porque uma língua constitui um sistema complexo de meios de expressão, sistema em que tudo se interliga [...] Por outro lado, a realidade da língua é social, pois ela resulta do fato de que uma língua pertence a um conjunto definido de sujeitos falantes. (A. Meillet, 1906, p. 16)

Tantos pontos de vista possíveis e legítimos, no entanto difíceis de fazer coexistir em uma descrição coerente, a não ser que se recorra a essa pseudounidade postulada pela palavra *vida*:

> Uma teoria geral da linguagem confronta-se, desde o início, com a dificuldade de o linguista não saber que limite fixar ao seu estudo, hesitando entre a consideração do indivíduo e a da espécie inteira. No entanto, essa dificuldade se atenua tão logo se busque representar a linguagem não mais como uma abstração, mas como uma realidade. A linguagem, sendo um meio de ação,

possui uma finalidade prática: é necessário então, para bem compreendê-la, estudar as relações que a unem ao conjunto da atividade humana, à vida. (J. Vendryes, 1921, p. 274)

Em vez de se satisfazer com essa solução mágica (que, aliás, adota como evidência um ponto de vista sociológico permeado de organicismo), Saussure pretende desafiar a dificuldade:

> Longe de se dizer que o objeto precede o ponto de vista, diríamos que é o ponto de vista que cria o objeto e, aliás, nada nos diz, de começo, que uma dessas maneiras de considerar o fato em questão seja anterior ou superior às outras. (23)

Por essa proposição que, curiosamente, pareceu sempre escandalosa, Saussure pretendia levar seus contemporâneos a se colocar a questão que, precisamente, eles evitavam: vocês sabem o que fazem e do que falam? Isso ele só diz diretamente em uma carta a Meillet:

> Preocupado sobretudo, desde há muito tempo, com a classificação lógica desses fatos, com a classificação desses pontos de vista sob os quais nós tratamos, mais e mais eu vejo a enormidade do trabalho que se fez necessário para mostrar ao linguista o que ele faz, reduzindo cada operação à sua categoria prevista; ao mesmo tempo, a grande variedade de tudo o que se pode enfim fazer na linguística. (*SM*, 31)

Descrever, sim; explicar, talvez; mas, o quê? O que permite que se fale e que se compreenda? As mudanças que fazem que se fale de outro modo e que se compreenda mal aqueles que nos precederam? Que causas podem ser supostas para essas mudanças? Em cada caso, o "ponto de vista" é diferente e, em consequência, quer se reconheça ou não, seleciona-se na massa dos dados concretos, isola-se um "objeto" que depende do ponto de vista e, no mesmo movimento, escolhe-se um método. Falar do "objeto da linguística", afirmar que é necessário determiná-lo claramente, é dizer que é necessário escolher, ao mesmo tempo, proposições teóricas definidoras e o método que delas decorre. Não se pode, por exemplo, tratar do mesmo modo, nem de modo algum, a transformação de *nudum* em *nu*, a concordância do adjetivo francês, o lugar que ele pode tomar na frase, as formas de derivação (*nudité/dénuder*), a função e o funcionamento de expressões mais ou menos usadas (*mise à nu*, *à main nue...*) e, por que não, a ambiguidade de uma *blanche nue...* É necessário, sobretudo, deixar de acreditar que o que se aprendeu a fazer é a única coisa que se deve fazer para ser linguista. Trata-se, então, de "mostrar" aos linguistas o que eles fazem e levá-los a refletir sobre o seu "objeto".

Saussure não inventa a questão do *objeto* nem a dos critérios de escolhas que lhe é associada; ela está ligada, nessa época, à reflexão positivista sobre as ciências e sabe-se que essa reflexão constitui em A. Comte a preparação de toda reflexão científica, quer se trate da sociologia – "ciência que tem por objeto próprio o estudo de fenômenos sociais" –, quer ser se trate da biologia:

> A definição que propus para as ciências biológicas conduz por ela mesma a caracterizar com precisão não somente o objeto da ciência ou a natureza própria de suas pesquisas, mas também seu assunto, ou seja, o campo que ela deve abarcar. (*Curso de filosofia positiva*, cap. 40)

Ela é explícita em Durkheim:

Se, então, esses fatos fossem sociais, a biologia não teria objeto que lhe seria próprio. (*Regras do método sociológico*)

Saussure limita-se a formular essa questão para a linguística e a tirar dela as consequências. Essa posição epistemológica tomada por ele, caso se acredite nela, malgrado o próprio Saussure, é-lhe imposta por sua exigência de linguista. Encontra-se, em seguida, nos mesmos anos, uma vigilância teórica da mesma ordem no linguista Victor Henry, que afirmava:

> Nenhuma ciência é mais contestada do que a linguística [...] essa ciência do vivo sempre jovem arrasta consigo uma inquietante bagagem de entidades ultrapassadas. (*Antinomies linguistiques*, 1896, 1)

Mas Henry não tirou disso as consequências metodológicas e seu trabalho, breve exposição filosófica sobre a linguagem e a linguística e testemunho das preocupações metodológicas da época, não teve efeito sobre a prática dos linguistas; alguns fazem menção a ele, mas limitam-se ao que no próprio título é interpretado como dificuldade insuperável; não buscam nele as indicações de método. Sabe-se que o *CLG* teve outros efeitos.

Uma preparação teórica: limitar-se a um ponto de vista

Seria necessário, então, proporcionar a consciência de que qualquer descrição se faz segundo um "ponto de vista" e que, mesmo ele não sendo "superior" aos outros, é necessário também escolher um, sob o risco de se misturar todos, o que os critérios positivistas reinantes deveriam tornar impossível. Naquele oferecido pela tradição, um linguista pode escolher, essencialmente, três linhas e os pressupostos que elas implicam: a tradição gramatical, a gramática comparada e a linguística histórica.

A *tradição gramatical*

Herdeira das mais antigas reflexões teológicas e filosóficas sobre a linguagem e o pensamento, e sobre as relações entre essas duas instâncias, colocadas ao mesmo tempo como distintas e inter-relacionadas, a tradição gramatical se funda sobre o que é designado, muitas vezes, pela expressão "paralelismo lógico-gramatical" ou "teoria da linguagem-tradução". Para os filósofos, com efeito, mesmo que eles se dividam acerca do processo de aquisição, o funcionamento do pensamento governa o da linguagem, tanto que a gramática, dominada pelas preocupações da lógica, encontra-se tomada por duas exigências disjuntivas, ou mesmo opostas: de uma parte, dar conta dos universais linguísticos, que devem corresponder aos universais supostos do pensamento; de outra parte, descrever a complexidade e a diversidade dos usos linguísticos concretos.

Supõe-se que a generalidade da razão pode refletir-se na diversidade das línguas e, para uma mesma língua, na diversidade dos usos, mas a descrição dessa diversidade não se deixa sempre fechar em um quadro racional *a priori* em que se representam os traços comuns da estrutura. A gramática "especulativa" – ou seja, no sentido próprio, ocupada com os "reflexos" do pensamento no "espelho" da língua – não pode evitar essa dificuldade, se quiser guardar uma ancoragem empírica na observação. Sabe-se que ela foi resolvida, na história, pela coexistência de duas correntes, as gramáticas filosóficas e as gramáticas de uso, que, com frequência, unificam-se como gramáticas pedagógicas. Graças à aceitação do *postulado semântico*, a língua reflete o pensamento do mundo, e, graças à aceitação do *postulado lógico*, a língua é instrumento da verdade, sob a condição, no entanto, de que se saiba detectar as construções equívocas e enganosas – os gramáticos procederam a descrições minuciosas de paradigmas morfológicos e de regras sintáticas próprias a uma ou outra língua.

A gramática comparada e a linguística histórica

Essa aquisição empírica foi integrada no século XIX pela gramática comparada, preocupada em estabelecer as ligações de parentesco entre as línguas: sua linha, no entanto, ia contra a universalidade do quadro filosófico, por colocar em evidência a particularidade dos sistemas, pela descrição das "famílias" independentes, de estruturas bem diferentes. Ela prescindia do postulado dos universais sem que surgisse a necessidade de colocar explicitamente em questão ou mesmo de romper com a formulação clássica das relações linguagem-pensamento. Um gramático, tradicional ou comparatista, interessa-se pela descrição e pela classificação das formas e não se pergunta, muitas vezes, se seus critérios de classificação dependem de postulados filosóficos mais ou menos claramente formulados. Esses últimos concernem a uma definição filosófica da linguagem de que os pesquisadores da descrição em geral prescindem. Ao passo que a gramática comparada se orienta maciçamente no sentido da história das línguas, a ponto de ver na comparação apenas o meio de se reconstruir as formas arcaicas da "protolíngua" de uma família e, por consequência, o meio de elaborar as *leis* de mudança, a prática descritiva fica totalmente independente das ideias gerais acerca da linguagem e muito pouco crítica em relação às ideias recebidas.

Os gramáticos procederam sempre por comparação das formas, colocando em evidência traços comuns e diferenças no estabelecimento de paradigmas (conjugações, declinações...) e de regras (sintaxe), organizando a diversidade observável das formas; essa linha se funda sobre uma regularidade suposta em qualquer língua, o funcionamento de esquemas que regulam as variações. Nesse nível, o princípio da gramática histórica e da linguística histórica não difere daquele das gramáticas tradicionais: ele induz à busca de regularidades formais.

Uma nova concepção da língua

No entanto, o ponto de vista mudou a partir do momento em que a regularidade buscada é aquela das leis de transformação em uma língua ou uma família de línguas, ou seja, aquela das tendências universais que seriam observáveis em todas as línguas, em vez da regularidade de formas repartidas em paradigmas que subentendem o funcionamento de uma língua dada; *história* e *descrição*, o método difere porque o objeto implicado difere, porque não se busca mais a mesma coisa, ainda que se sirvam dos mesmos dados.

Em outro nível, é a concepção do que é uma língua que se encontra transformada. Diante da evidência da abundância de formas observáveis nas diferentes famílias e em diferentes épocas, o trabalho de diferenciação, de aproximações, de classificação, absorve toda a atividade dos linguistas até lhes ocultar o próprio fato de que uma língua significa e de que as formas são linguísticas apenas por esse motivo. *Organismo* ou *mecanismo*, segundo os pressupostos sucessivamente adotados, a linguagem se tornou o domínio das abordagens exclusivamente empíricas; objeto natural ou instituição social, é necessário então, aos olhos dos pesquisadores, que a linguagem escape às especulações filosóficas, o que eles pretendem garantir ao limitar-se às formas materiais.

Muito mais do que uma decisão teórica deliberada, é a própria prática descritiva que induz a um novo ponto de vista. A preocupação exclusiva com as formas observáveis (mesmo com a intenção de se reconstruir aquelas que não são atestadas por nenhum documento) está, com efeito, bem distante da que conduzia o interesse das gramáticas gerais: a correspondência, limitada às grandes línguas clássicas e fora de qualquer consideração temporal, de um pensamento supostamente universal e das formas específicas realizadas. Ora, a atividade comparatista fazia evidenciar a diversidade dessas ligações e a pesquisa histórica revela sua labilidade; pois o sentido muda com a forma quando se passa pelo exemplo do latim *classicum* (o som da trombeta) ao francês *glas* (o dobrar dos sinos) ou *necare* (matar) a *noyer* (afogar).

Uma reflexão teórica aparece assim na segunda metade do século XIX, ainda que seja pequena se comparada à massa de trabalhos descritivos. Sabe-se que Bopp, considerado o fundador da gramática comparada, criticava esses olhares gerais sobre a linguagem que eram moeda corrente entre os filósofos precedentes ou contemporâneos; por essa razão, o tradutor francês, M. Bréal, confere-lhe o título de rigoroso cientista. Mas A. Schleicher, M. Müller, W. D. Whitney e muitos outros pesquisadores da gramática comparada e da linguística histórica buscam reincorporar os resultados múltiplos das pesquisas históricas e comparadas a certo número de princípios gerais sobre a linguagem. É por isso que eles se pretendem *linguistas*.

Mais precisamente, o que se formula então é uma preocupação com a *linguística geral*, cuja necessidade foi proclamada, ainda que o acordo sobre o que ela deva ser não passe de um princípio excessivamente geral que pode ser resumido assim: é necessário fazer a síntese dos resultados adquiridos pelos trabalhos comparatistas. Acredita-se que isso constitui um ponto de vista totalmente novo em relação à tradição das gramáticas gerais:

> A antiga gramática geral caiu em justo descrédito porque ela era apenas uma aplicação malfeita da lógica formal à linguística em que as categorias lógicas não tinham nada a fazer; a nova linguística geral, fundada sobre o estudo preciso e detalhado de todas as línguas em todos os períodos de seu desenvolvimento, enriquecida de observações delicadas e de medidas precisas da anatomia e da fisiologia esclarecidas pelas teorias da psicologia moderna, traz uma renovação completa dos métodos e das ideias. (Meillet, 1906)

Quer se busque colocar em evidência ou confirmar o parentesco em um conjunto de línguas, comparando os fragmentos mais ou menos dispersos no espaço e no tempo, quer se tente estabelecer por quais etapas (fonéticas ou morfológicas) passaram as formas de uma língua dada, nesses dois recortes, que são frequentemente associados, procede-se por comparações: colocam-se em evidência os elementos com que se busca, sob a diversidade observável, restabelecer a unidade suposta e perdida.

Assim, uma outra tradição se constitui, garantida pela *ciência* e não mais pelas autoridades filosóficas seculares; ela se apresenta como adversária da precedente, sobre o mesmo terreno, o da generalidade. De fato, se foi possível pensar, com razão, que se afastou a gramática da autoridade filosófica e lógica, isso somente pôde ser feito desenvolvendo-se o que estaria já presente na gramática tradicional, o interesse primeiro pelas formas da língua; mas, por outro lado, ainda não se afastou claramente o ponto de vista que orienta o recorte, que, aliás, não é homogêneo, a não ser porque, sob a cifra do parentesco, confunde-se a descrição das formas com a narrativa de sua história, quando não se lhe acrescenta, conforme pede Meillet, a pesquisa acerca das causas da transformação.

O *ponto de vista do locutor e não do conhecedor*

Trata-se, então, de esclarecer essas preocupações diversas para definir o campo de estudos, do que se fala e do que se procura; deixar de se ocupar de uma vez por todas com essa aproximação que as impossibilidades de escolha proporcionam, conforme se vê claramente no programa exposto por Vendryes:

> Em raras ocasiões, pareceu útil completar o que se aprende da linguística com uma incursão ao domínio de uma ciência vizinha. O autor deseja que essas infrações à regra não pareçam injustificadas. Em geral, ele se limita a apresentar os fatos como linguística... (1921, 3)

A inversão operada por Saussure é a de definir o campo da linguística, colocando-se desde o começo na prática da língua, naquilo que consiste a experiência cotidiana de qualquer locutor. Para tanto, é necessário afastar-se, a princípio, o conjunto constituído pela massa de saber gramatical (comparativo e histórico) e dos comentários acumulados pela tradição; deixar de tomar como quadro evidente da descrição o que é resultado de séculos de reflexão sobre a linguagem e, então, questionar o ponto de vista do estudioso: o locutor ordinário não é um *estudioso*, mas, mesmo assim, ele *sabe* falar. Trata-se de descobrir a especificidade desse saber *da* língua, deixando de lado o saber *sobre* a língua.

Não se trata de fazer tábua rasa nem de advogar em favor da ignorância; de fato, um linguista deve colocar à prova o que sabe tanto acerca da diversidade quanto acerca da regularidade das línguas com um outro procedimento:

propondo-se a esclarecer o que faz, espontaneamente, todo sujeito falante. Encontrar-se-á, então, após décadas de estudos históricos, o que está na base da tradição gramatical, mas desembaraçada (graças à história) de qualquer preocupação de fundamento filosófico ou lógico: os usos dos locutores, as regras que governam esses usos. Essa descrição não invalida o estudo histórico; ela apenas se distingue dele, de modo radical.

Um locutor, com efeito, ignora o passado de sua língua e, sobretudo, seus parentescos mais ou menos longínquos com outras línguas; ignora até mesmo as regras que ele aplica, mas sabe aplicá-las. Ele não sabe, por exemplo, se *bon marché* deve ser analisado como um adjetivo na expressão "ces gants sont *bon marché*" [estas luvas são *baratas*], mas não será detido pela dificuldade do especialista que, observando a diferença entre o funcionamento sintático do adjetivo (atributo do sujeito sem, no entanto, marca de concordância) e uma morfologia de grupo nominal (mas sem artigo), conclui acerca da dúvida:

> Então, estamos diante de uma classificação defeituosa ou incompleta; a distinção das palavras em substantivos, verbos, adjetivos, etc. não é uma realidade linguística irrefutável. (152)

O locutor sabe que pode empregar tanto *bon marché* quanto outras expressões de sentido mais ou menos equivalente e produzir frases que não causem surpresa a ninguém. Para dizer "ces gants sont bon marché" ou "ne sont pas chères" [não são caras], basta-lhe aplicar as regras morfológicas, sintáticas, lexicais, de que dispõe sem conhecê-las conscientemente. O conjunto de formas (léxico e construção gramaticais) potencialmente realizáveis é o que Saussure chama de *língua*, "sistema... que existe virtualmente em cada cérebro" (30). A tarefa designada ao linguista é a de se situar na língua, como um locutor qualquer, mas para poder explicitar o mecanismo ignorado pela "massa falante":

> Uma língua constitui um sistema; [...] esse sistema é um mecanismo complexo; só se pode apreendê-lo pela reflexão; aqueles que fazem dele um uso cotidiano ignoram-no profundamente. (107)

Essa ignorância é um *saber*. Saussure não formula tão claramente quanto o fará Chomsky esse aparente paradoxo, mas foi ele o primeiro a fazer dele objeto próprio de uma linguística diferente, interessando-se não mais pelo saber (comparatista e histórico) acerca da língua, mas pela língua como um saber comum, partilhado pelo que se chama de "comunicação linguística".

A abordagem comparatista mostra-se, então, inadequada e é necessário se construir um quadro nocional novo que deve dar conta das características do locutor dito "ingênuo" ou "nativo": ele ignora o passado de sua língua; combina os elementos segundo esquemas que partilha com os locutores de sua comunidade; é a essas regras que ele obedece e não a imperativos de verdade; ele pode comunicar seu pensamento apenas se fizer uso dessas formas; ignora as regras que governam essas formas e acredita ser livre em sua expressão e em seu pensamento.

2
O objeto língua

A língua é um sistema

Qual é o objeto ao mesmo tempo integral e concreto da linguística? A questão é particularmente difícil; veremos mais tarde o motivo: aqui apenas iremos apreender essa dificuldade. (23)

Partamos dessa pergunta surpreendente e viva cuja resposta nos é, a princípio, recusada – resposta difícil a uma pergunta verdadeira que, até então, não se colocava. Ela é a preparação da revisão necessária da terminologia e, portanto, da definição dos conceitos que servirão de base. Estes são elaborados com o cuidado de operar as demarcações fundadoras: elas vão definir o ponto de vista que o linguista deve adotar e que, simulando aquele do locutor, distancia-se do que Saussure chama de "ciências conexas" (história, sociologia, psicologia...).

E, primeiramente, para sair dos discursos em que se atola a linguística quando se quer geral, é necessário distinguir o termo *linguagem* que recobre sempre alguma dualidade nocional (pensamento/som, social/individual) e se presta a uma multiplicidade de pontos de vista (psicológico, antropológico, etc.). Por um tipo de golpe preciso, que ele não se preocupa, no início, em justificar, Saussure afirma a necessidade de "se colocar, a princípio, sobre o terreno da língua e tomá-la como norma de todas as outras manifestações da linguagem" (25).

Mas o que é a língua? É um *sistema*. Essa definição de base, repetida várias vezes, não é, à primeira vista, uma grande novidade. Que todos os elementos de uma língua se articulam, determinam-se reciprocamente, é bem conhecido desde sempre pelas gramáticas, que se empenham, precisamente, em descrever (através de classificações, quadros e paradigmas) as relações características de uma língua ou outra. O termo comum é tomado, no entanto, por Saussure em uma acepção mais precisa, de certo modo técnica: explicitado como *funcionamento* ou *mecanismo*, ele remete a uma característica julgada fundamental das *unidades linguísticas*: a de que é impossível apreendê-las fora do sistema específico em que elas são tomadas, pois é nele que está seu modo de realidade; elas só possuem existência para um locutor nas relações recíprocas que mantêm e que lhes dão sentido. Abordadas fora dessas relações, as unidades linguísticas não passam de elementos materiais desprovidos de significação; em outras palavras, elas não são mais linguísticas.

Partir do sistema é assumir, desde já, um imperativo de método pela exclusão de outras condutas: a do fisiologista (o foneticista que registra e compara os sons em sua materialidade), bem como a do psicólogo ou do sociólogo (que analisa a língua em suas relações com o pensamento ou a sociedade, ou seja, com as realidades que contribuem para determinar o sistema do exterior). Dizer *sistema* é definir um *interior*, uma ordem própria da língua.

Decorre daí, para a conduta do linguista, uma consequência importante, que geralmente passa despercebida: a escolha de partir do sistema é recusar ou, em todo caso, evitar partir da *comunicação*. O sistema é apenas um dos elementos do esquema da comunicação no qual muitos outros parâmetros intervêm: o locutor, com suas intenções e seus atos (e não somente o saber linguístico); o interlocutor, com suas reações ao locutor e à mensagem; o canal, com suas particularidades físicas (oral, escrita, direta ou mediada por um instrumento...); o contexto linguístico e extralinguístico.

Aqueles que criticam a linguística formal nascida com Saussure de se reduzir a um objeto-língua "ideal", não percebem que essa redução está ligada a essa escolha bem geral de partida: a língua é um sistema, em vez de – definição muito mais banal e que está longe de ser equivalente – um instrumento (meio, utilitário) de comunicação. O fato de Saussure dedicar duas páginas (da 27 à 29) a expor uma forma simples do esquema da comunicação não é contraditório. Ainda que esse esquema não houvesse então tomado a forma canônica que Jakobson, retomando os cibernéticos, deu-lhe em seguida, observando-o de perto, vê-se que a apresentação tão embaraçada que então é exposta serve, antes de tudo, como uma preparação à exposição do que é o funcionamento do sistema.

A língua é social

Sem mais se apoiar sobre a comunicação e todas as peripécias que faziam intervir pontos de vistas tão diversos, Saussure não se fundamenta na história e, mais globalmente, na dimensão social da língua. Essa afirmação pode parece ir contra as asserções classicamente destacadas no *CLG*, tais como:

> Um estado de língua dado é sempre o produto de fatores históricos... (105)
>
> A língua incorpora a vida da massa social [...] ela é sempre a herança de uma época precedente. (105)

O tempo, que assegura a continuidade da língua, tem um outro efeito [...] o de alterar mais ou menos rapidamente os signos linguísticos... (108)

Separando a língua da fala, separa-se de um mesmo golpe: o que é social do que é individual... (30)

A língua é uma instituição social. (33 e seg.)

Com efeito, o traço *social* é fundamental, mas, diferente do sistema, ele não determina, em Saussure, um ponto de vista e um método próprio; poderíamos até mesmo dizer que é o contrário que ocorre: Saussure não nega que a língua seja social (nem, aliás, que a língua seja comunicação), ele afirma, como todos seus contemporâneos, que se trata de um *fato social*, mais precisamente, "um produto social da faculdade de linguagem" (25), mas não que considera essa característica a mais esclarecedora para definir sua natureza específica, pois a língua partilha dessa propriedade com todas as outras instituições; o que interessa propriamente ao linguista é que ela seja um sistema de signos, uma instituição que ele chama de *semiológica*. Somente esse traço permite definir um objeto próprio à linguística, uma ordem *interna*; história e sociedade são remetidas ao *externo*, que não se nega que possuam seus efeitos sobre a língua, mas cujo estudo é reservado a outras disciplinas e a um outro setor da linguística, aquele que é dito "externo":

De modo geral, nunca é indispensável conhecer as circunstâncias em meio às quais uma língua se desenvolve [...]. Em todo caso, a separação de dois pontos de vista se impõe e, quanto mais rigorosamente for observada, melhor será. (42)[1]

---

1. Será visto mais adiante, p. 63-69 e na segunda parte, p. 137 e seg., que Saussure, interligando estreitamente os dois traços, *social* e *semiológico*, dá ao caráter social da língua toda uma outra importância.

Uma sincronia

A definição pelo sistema de signos, antes mesmo de ser esclarecido como é necessário entender esse tão velho termo *signo*, é assim estreitamente ligada à célebre demarcação *sincronia/diacronia*.

Convém chamar de *diacronia* a evolução de uma língua no tempo, a sucessão das modificações que a transformaram e que podem, graças à comparação, ser deduzidas dos estados precedentes. Essas modificações que tornam uma língua irreconhecível em relação às formas de partida atestadas (o latim para o francês, por exemplo), atingem uma diferenciação tal que produzem sistemas diferentes (como as línguas romanas em relação ao latim). A *sincronia* lhe é oposta sob a forma de um estado abstratamente fixado pelo linguista que corresponde ao sentimento linguístico de um locutor ignorante do passado. É no estado da língua em que se encontra o locutor comum – que não tem necessidade, para falar, de conhecer a história da língua que utiliza –, que se pode apreender o funcionamento do sistema. As noções de sincronia e de sistema estão, portanto, estreitamente ligadas.

A insistência com que Saussure se empenha em separar radicalmente as duas condutas decorre de sua tentativa de afastar as condições exteriores de sua teoria; ela se elabora no seio de uma linguística histórica em seu apogeu, no momento em que os neogramáticos afirmam que a língua se define somente por sua história. O pensamento de uma sincronia parece uma "abstração", e o é, decerto, em relação aos "fatos" concretos que os linguistas observam quando comparam as etapas sucessivas de tal elemento e de tal série.

Sua insistência se explica também por razões internas à teoria; trata-se de tornar sensível um ponto de vista novo, o mesmo que permite pensar o sistema.

Decerto as transformações linguísticas são aleatórias e concernem apenas aos elementos isolados, por exemplo, o *a-* latino que, em certas condições, deu o *e-* francês (*mare* (latim), *mer* (francês). A maior parte das transformações resulta da aplicação de leis que se dizem então, não de forma unânime, "mecânicas e cegas", totalmente independentes da consciência e da vontade dos locutores que são o seu suporte. Essas transformações concernem em cada caso a todos os elementos que apresentam as mesmas propriedades, por exemplo, a transformação do *s-* intervocálico latino em *r-* (*flosem* tornado *florem*) ou o desaparecimento progressivo dos casos entre o latim e as línguas romanas. A intervenção dessas leis modifica o sistema da língua até produzir uma língua percebida como absolutamente diferente pelos locutores e que somente uma pesquisa especializada permite aproximar de sua "ancestral"; mas essas modificações não constituem um sistema; as relações formais estabelecidas entre os estados sucessivos de uma língua são de uma ordem radicalmente diferente daquelas que se podem estabelecer entre os elementos de uma língua tal como é falada em determinado momento.

São duas atitudes bem diferentes que permitem, de um lado, estabelecer a passagem de *flosem* a *florem* e, posteriormente, *fleurs* e *coupées* em *ne n'aime pas les fleurs coupées* [eu não amo as flores cortadas]. Falar-se-á, decerto, nos dois casos de *formas*, mas se trata de realidades linguísticas sem relação entre si; as primeiras remetem a uma história, as segundas remetem a um sistema; trata-se de "fatos" diferentes e não é o menor dos efeitos da distinção sincronia/diacronia o tornar evidente essa noção de *fato linguístico*, mostrar que o que se chama "fato" depende de um ponto de vista acerca dos fenômenos observados.

Caso se admita que definir a língua como o sistema usado pelo locutor quer dizer que ele se apresenta em uma sincronia, resta saber como abordar as variações individuais imediatamente observáveis, como ultrapassar a dificuldade evocada por Vendryes (na terminologia aproximativa da época, confundindo *linguagem* e *língua*):

> A linguagem é ao mesmo tempo uma e múltipla; ela é a mesma em todos os povos e, no entanto, diversifica-se ao infinito nos seres que falam. É evidente que dois indivíduos nunca falam exatamente da mesma maneira [...]. Não é errado compreender que há tantas linguagens diferentes quanto indivíduos, etc. (Vendryes, 1921, p. 273-74)

Língua/fala

A língua não é a fala, ela é o que permite falar, isto é, o que permite dar conta dessa observação corrente: há locutores, chamados assim porque falam e se compreendem. Dizer que eles dispõem de uma língua comum é, de certa forma, a primeira hipótese que é preciso formular desde que se queira ultrapassar a simples evidência.

Que os locutores, ao trocarem suas falas (e *fala* designa em Saussure tanto o escrito quanto o oral), possam se comunicar os pensamentos é um objeto de espanto de que os filósofos tomaram consciência desde sempre sem resolver o mistério dessa função de representação, ou, retomando os termos da Gramática de Port Royal:

> [...] essa invenção maravilhosa de compor a partir de 25 ou 30 sons essa infinita variedade de palavras, não havendo nada de semelhante nelas mesmas ao que se passa em nosso espírito, não deixa de descobrir aos outros todo o segredo e de fazer entender àqueles que não podem aí penetrar, tudo o que concebemos, e todos os diversos movimentos de nossa alma.

Com o conceito de *língua*, Saussure busca pensar não mais uma *função*, mas um *funcionamento*, aquele que, em cada caso específico, opera em uma comunidade dada; pois o espantoso não é somente que duas ordens julgadas disparatadas, o pensamento e o som, possam assim se encontrar ligadas e que o mundo se torne inteligível pelas palavras – maravilhamento filosófico; deve-se maravilhar, por outro lado, com o fato de que aqueles que falam, em certas condições, compreendem-se.

A linguística se distingue da filosofia ao definir a princípio essas condições, sociais e históricas: partilha-se uma língua como uma herança, uma tradição. A língua faz parte das instituições sociais; depende de uma história; pode-se mesmo sonhar com uma história e com uma descrição comparada "completas", que dariam conta de todas as diferenciações que permitiram a existência de comunidades linguísticas diferentes a partir de uma origem comum, uma *Ursprache* (uma língua primitiva única), outro mistério que se acrescenta àquele da origem da linguagem.

O que é também espantoso, mas, diferentemente dos mistérios, pode ser abordado como um problema, ou seja, por hipóteses e demonstrações, é que "isso funciona"; os membros de uma mesma comunidade se compreendem ou, ao menos, sem prejulgar o que passa realmente de uma "mensagem" em uma comunicação, se reconhecem como pertencentes a essa comunidade, tendo em comum as mesmas possibilidades de expressão (palavras, variação de formas, construções gramaticais...). Esse problema é, propriamente, aquele do gramático: não se trata mais da função de representação, nem da história, mas do funcionamento, que obriga a colocar a existência de um mecanismo comum; Saussure o chama de *língua*:

> É um tesouro depositado pela prática da fala nos sujeitos pertencentes a uma mesma comunidade, um sistema

gramatical existente virtualmente em cada cérebro [...] a língua não está completa em nenhum, ela existe perfeitamente apenas na massa. (30)

O termo *língua* designa, pois, um conjunto de elementos que só pode ser estudado em sincronia; suas condições de existência são sociais, mas é seu modo de funcionamento que interessa ao linguista-gramático e só pode ser apreendido por uma atitude de abstração: diante das produções concretas dos locutores, deve-se criar a hipótese de um sistema unitário de referência que permite produzir esses enunciados. Para compreender que há a fala, deve-se colocar a existência abstrata da língua, "sistema gramatical existente virtualmente em cada cérebro" (30).[2]

É claro que, em si mesma, a língua, assim suposta, não é observável, ao menos no sentido em que o entendiam os linguistas da época, para quem só eram observáveis as produções da *fala* em sua variedade, suas particularidades individuais ligadas a tal sujeito ou tal conjuntura; mas o que se podia fazer com essa diversidade?

> Quando, em uma conferência, escuta-se repetir por várias vezes *Messieurs*, tem-se o sentimento de que se trata a cada vez da mesma expressão; no entanto, as variações de enunciação e entonação a apresentam, nas diversas passagens, com diferenças fônicas muito acentuadas... (150, 51)

Para o foneticista, observador neutro, munido de seus instrumentos objetivos de registro, há diferenças, mas, para os locutores, engajados na comunicação, é certo que há identidade, mesmo que eles sejam sensíveis aos efeitos (estilísticos) produzidos por algumas variações.

---

2. Cf. p. 131 sobre essa fórmula bela demais para ser verdadeira.

Um exemplo mais simples: sabe-se que os franceses de regiões diferentes pronunciam o som *r-* com variações em certos casos bastante sensíveis, tanto que se pode dizer que há vários sons *r-* em francês; essa diversidade concreta é referida por todos os locutores a uma *identidade*, um tipo de som *r-* geral, comum e, portanto, abstrato, que a fonologia designa como o fonema *r-* do francês e cuja propriedade propriamente linguística é de não se confundir com *l-*, por exemplo, cada locutor distinguindo *loup* de *roux* (em caso de necessidade, fazendo o locutor repetir...).

Dir-se-á que os sons, em sua diversidade pontual, pertencem à fala, enquanto os fonemas, que permitem pensar a unidade de sons fisicamente mais ou menos dessemelhantes, pertencem à *língua*. É claro que não se pode tratar de "realidades" diferentes caso se entenda desse modo o que é direta e concretamente observável; os únicos dados observáveis são os da fala; porém, iríamos perder-nos na diversidade desses dados se não dispuséssemos de conceitos que permitissem dirigir a observação. O *fonema* é um desses conceitos e a *língua* – cujos elementos se analisam assim pelos termos *fonemas, morfemas, sintagmas...* – oferece uma categorização inteiramente conceitual da realidade, e se apresenta como um objeto abstrato, uma realidade do pensamento.

A distinção língua/fala, que parecerá evidente aos filósofos das ciências, era, sem dúvida, mais difícil de ser admitida pelos linguistas contemporâneos de Saussure, tomados por um tipo de fetichismo pelas formas concretas particulares, pela diversidade histórica fascinante, a qual Saussure, "em particular", nos diz que é a única que interessa verdadeiramente:

> É, em última análise, somente o lado pitoresco de uma língua, aquele que faz com que ela difira de todas as outras como pertencendo a um determinado povo que

O objeto língua 59

tem determinadas origens, é o lado quase etnográfico que conserva para mim o interesse: e, precisamente, não tenho mais prazer em me entregar a esse estudo sem receios e de gozar do fato particular que resulta de um meio particular.

Sem cessar, essa inépcia da terminologia corrente, a necessidade de reformá-la e de mostrar por aí que espécie de objeto é a língua em geral, vem estragar meu prazer histórico, ainda que eu não tenha um desejo mais caro que de me ocupar da língua em geral. (Carta a Meillet, 1894, *SM*, 31)

Ora. É necessário saber bem o que se faz e do que se fala quando se pretende falar conhecendo-se essas formas particulares cuja história e cujo jogo significante se expõem. É necessário que haja então distinções que permitam as novas categorias: *sistema*, *sincronia* e *língua*, enfim, que as implica e as subsume. Donde as repetições insistentes que buscam – retomando, desde o princípio, as propriedades que serviam para designar a "linguagem" (social, contrato, aprendizagem...) – persuadir da necessidade de opor língua e fala:

A língua é produto é o produto que o indivíduo registra passivamente [...]

A língua é a parte social da linguagem exterior ao indivíduo que ele, por si só, não pode nem criar nem modificar [...]

A língua é o resultado de um contrato passado entre os membros da comunidade [...] o indivíduo tem necessidade de uma aprendizagem para conhecer-lhe o jogo [...]. (32)

O que fica não dito nesses enunciados é a necessidade de abstração; a ideologia científica da época, que limitava ao dado diretamente observável o domínio do pesquisador e não via na abstração senão a especulação filosófica, opunha-se às formulações explicitamente abstratas. Ao contrário, encontra-se no *Curso* uma obsessão pelo concreto (objeto "integral e concreto", "unidades concretas", etc.). Disso decorrem certas confusões desse discurso que, nas suas definições, acrescenta, às evidências de seu tempo, afirmações de uma importância totalmente diferente. É assim que uma justaposição associa uma atitude então banal sobre o caráter social da língua com uma afirmação que devia parecer muito menos aceitável:

> É necessário separar a língua da fala como 1º) o que é social do que é individual; 2º) o que é essencial do que é acessório e mais ou menos acidental.

Enquanto a primeira condição se limita a retomar a definição geral da linguagem, a segunda implica uma consequência metodológica: é necessário distinguir nos dados o que é importante e o que não o é; o *essencial* é, no trato comum, colocado como tal e faz a língua social; o *acessório* é a particularidade individual. Vê-se esboçar aqui a noção de critério de pertinência.

Se, retomando o exemplo de *Messieurs*, comparam-se as variações de entonação sugeridas por Saussure, pode-se supor que um locutor levou em conta (em princípio) a segunda série. O critério que permite escolher, em todas as variações físicas possíveis da fala, aquelas que pertencem à língua, é, então, o critério da significação; pois esses elementos linguísticos que constituem o sistema da língua têm por propriedade primeira significar, serem *signos*.

3
O princípio semiológico

O *signo linguístico*

Todas as considerações a respeito do *signo* dirigem-se a distinguir o que é dito a princípio a respeito da língua e o objetivo do linguista; caso contrário, elas têm por efeito fazer de Saussure um filósofo da linguagem (na longa tradição da teoria do signo "representante" de uma ideia) e, corolário obrigatório, deixar de lado seu propósito de gramático, analista da língua. É ao que, aliás, incita a ordem do *Curso*: a introdução termina com uma série de definições sobre o signo, abrindo para a perspectiva geral da *semiologia*, ciência que estuda a vida dos signos no seio da vida social; e a primeira parte começa por um longo capítulo sobre "A natureza do signo linguístico". É necessário examinar mais de perto a formulação dessas considerações gerais.

É logo após o trabalho de ajustar a posição da *língua* em relação à *linguagem* e à *fala* que se introduz o termo *signo*:

> Ao passo que a linguagem é heterogênea, a língua assim delimitada é de natureza homogênea: é um sistema de signos em que o essencial é a união do sentido e da imagem acústica e em que as duas partes do signo são igualmente psíquicas [...] A língua é um sistema de signos que

exprimem ideias [...] Os signos linguísticos, por serem psíquicos, não são abstrações [...]. (32)

Depois vem a definição célebre que abre o primeiro desenvolvimento concernente à linguística sincrônica:

> O signo linguístico une não uma coisa e um nome, mas um conceito e uma imagem acústica. (98)

Essa definição é acompanhada do esquema não menos célebre (cf. Anexo) do *significante* (*se*) e do *significado* (*so*), termos finalmente escolhidos por Saussure em lugar de *imagem acústica* e *conceito*; esse esquema será completado mais adiante pela comparação com a folha de papel:

> A língua é também comparável a uma folha de papel: o pensamento é a frente e o som é o verso; na língua, não se pode isolar nem o som do pensamento, nem o pensamento do som; isso só seria possível por uma abstração cujo resultado seria fazer a psicologia pura ou a fonologia pura. (157)

Vê-se que o termo não é introduzido sozinho, mas, desde o início, na expressão "sistema de signos". Após a enumeração dos traços que definiriam a língua em relação à fala (*contrato, social, essencial...*), trata-se aqui de uma definição que resume a natureza da língua por um predicado de alcance diferente: é um *sistema*. Para designar os elementos cuja inter-relação compõe o sistema, o *Curso* proporá certo número de termos substituíveis por *signos* segundo os momentos da argumentação: *relações, valores, diferenças*. O mais importante neste começo é *sistema*, termo que pode até mesmo bastar para definir a *língua*:

A língua é um sistema que conhece sua própria ordem. (43)

O que é dito tão ligeiramente é que é impossível (sempre do ponto de vista do locutor) separar som e ideia, *significante* e *significado*:

> O signo linguístico é, portanto, uma entidade psíquica de duas faces [...] Esses dois elementos estão intimamente unidos e se referem um ao outro. (98-99)

Segue-se daí que o signo assim apresentado não pode ser concebido pela definição clássica de representante de uma ideia e ainda menos de uma coisa; essa relação, que não é negada (o locutor fala do mundo), não concerne ao linguista. Por sua insistência sobre essa ligação constitutiva do signo linguístico, Saussure coloca a análise linguística fora das considerações filosóficas sobre a origem dos conhecimentos (e sua variante psicológica, as teorias da aprendizagem) tanto quanto dos problemas lógicos sobre a adequação da linguagem e da realidade, e mesmo fora de qualquer posição filosófica acerca da própria ligação (representação, expressão, paralelismo...).

O ponto de partida dessa reflexão linguística é que todo locutor, em dado momento, fala do mundo ou compreende o que se diz dele pela intermediação de sua língua; o que diferencia entre uma sequência de sua língua e um fragmento de uma língua estrangeira é que somente a primeira é significativa:

> Quando ouvimos uma língua desconhecida, não somos capazes de dizer como a sequência de sons deve ser analisada; [...] mas, quando sabemos qual sentido e que papel é necessário atribuir a cada parte da cadeia,

então vemos essas partes se destacarem umas das outras e o conjunto amorfo se recortar em fragmentos. (145)

O fato de essa ligação de formas materiais e de sentidos continuar um "mistério" *e* sob a mira de uma filosofia do conhecimento não deve impedir um linguista de analisar os fatos da língua sob a condição de determiná-los como tais. É necessário definir as propriedades dos elementos do sistema linguístico; é a isso que se deve dedicar toda a *linguística sincrônica*. A teoria saussuriana do signo não pode ser separada da que ocupa o lugar mais importante no *Curso*, a teoria do *valor*, ela mesma estreitamente ligada ao princípio do *arbitrário*.

O *arbitrário*

Esse termo com o qual Saussure caracteriza o signo ou, mais exatamente, a ligação entre significante e significado, permite tomar posição no mistério da ligação som-sentido e evitar, ao mesmo tempo, qualquer questão acerca da origem da linguagem: afirmar desde o princípio que "o signo é arbitrário" significa, com efeito, dizer que um linguista deve colocar-se esse axioma e não perder seu tempo tentando demonstrar que a língua é uma convenção (que é uma posição filosófica incontornável, geralmente admitida ao fim do século XIX). Só essa posição de princípio torna possível uma linguística, mas ela não precisa (mais) ser defendida enquanto tal, ou seja, por oposição à ideia de racional ou natural. O termo *arbitrário* só é importante porque define um sistema linguístico por um "é assim!" que deve calar qualquer consideração filosófica acerca da linguagem, o "porquê" de sua existência e de suas modalidades, e só dar lugar à descrição do funcionamento de tal ou qual língua (o "como isso se dá"). Esse *a priori* abrupto rompe com todas as considerações e discussões tradicionais sobre a natureza da linguagem (reflexo da razão ou imitação da natureza), por uma tomada de posição quanto à questão pensamento-linguagem que substitui as metáforas de "molde" ou de "reflexo" pelo esquema de uma (misteriosa) elaboração interna.

> Tomado em si mesmo, o pensamento é como uma nebulosa em que nada é necessariamente delimitado. Não há ideias preestabelecidas, e nada é distinto antes do aparecimento da língua [...] A substância fônica não é nem mais fixa nem mais rígida [...] O papel característico da língua com relação ao pensamento é servir de intermediário entre o pensamento e o som [...] trata-se de certo modo deste fato misterioso, que o pensamento-som implica divisões e que a língua elabora unidades ao se constituir entre duas massas amorfas [...] A escolha que chama tal segmento acústico para tal ideia é perfeitamente arbitrária. (155)

Então, tudo é arbitrário na língua: tanto a ligação se/so que define o signo e que, para um mesmo objeto do mundo produz *bœuf* em francês e *ox* em inglês, quanto as relações entre os signos com as quais se constitui um enunciado. Por que se distingue em inglês *mutton* e *sheep* enquanto o francês emprega apenas o termo *mouton*? Por que dizer *tablette* e não *chaisette*, *fillette* e não *feuillette* (mas *feuillet*)? São regras próprias a cada língua, restrições contingentes e, por isso, tão arbitrárias quanto a que rege a ordem das palavras e a existência do artigo em francês, diferentemente do latim.

Acerca de qualquer ponto do léxico, da morfologia ou da sintaxe, a história da língua dá informações, mas seria difícil considerá-las como explicações e, aliás, não dizem respeito ao locutor, que não se interroga sobre tais empregos, que lhe parecem "naturais". O fato importante é que ele tem o conhecimento das ligações específicas e das regras de combinação que constituem sua língua, material com o qual, em certa medida, ele pode jogar (o que após Chomsky chamaremos de "competência linguística"). A maior ou menor habilidade ou originalidade nos limites desse jogo irá depender das particularidades individuais do sujeito inserido em uma história, parte estudada no campo da *fala* e que Saussure exclui, em todo caso provisoriamente, da linguística "propriamente dita" (39).

Que haja possibilidade de jogo, isso depende da *língua comum* de uma sociedade. Que as regras sejam ao mesmo tempo arbitrárias e restritivas provém do fato de se tratar de um jogo, ou seja, de um funcionamento formal; que, dentre os jogos possíveis, a língua apresente o caráter particular de remeter a outra coisa diferente de si, ao mundo que se encontra pensado nessa mediação, remete para essa propriedade misteriosa de colocar em relação que ela partilha com outras instituições que Saussure denomina "instituições semiológicas", ou seja, sistemas de signos arbitrários dentre os quais ela tem um lugar à parte.

A semiologia

O lugar daquilo que se afirma como *ciência dos signos* é, à primeira vista, marginal no *Curso*, sendo simplesmente anunciada no final do capítulo III, que define o "objeto da linguística":

> Pode-se conceber, então, uma ciência que estude a vida dos signos no seio da vida social; ela formaria uma parte da psicologia social e, por consequência, da psicologia geral; nomeá-la-emos semiologia (do grego *semeion*,

"signo"). Ela nos ensinaria em que consistem os signos, que leis os regem. (33)

Mas essa ciência futura é de chofre associada a uma "nova ordem de fatos", aquela que irá permitir distinguir a língua entre as instituições sociais e levar a "compreender sua natureza especial" (33). De fato, a importância dessa nova ordem é tal que determina uma nova abordagem dos dados observados, um ponto de vista que se pode chamar *semiológico*, que, em Saussure, toma o lugar do ponto de vista sociológico até então dominante nas considerações de linguística geral:

> A tarefa do linguista é definir o que faz da língua um sistema especial no conjunto dos fatos semiológicos. A questão será retomada mais adiante; apenas reteremos aqui uma coisa: se, pela primeira vez, conseguimos outorgar à linguística um lugar entre as ciências, é pelo fato de a relacionarmos com a semiologia. (33-34)

Quanto a esse ponto de vista, as afirmações são múltiplas: permitem avaliar no *Curso* o alcance do recurso à noção de signo e em que o signo, para Saussure, difere da noção filosófica clássica, e também como sua definição do social difere das posições sociológicas de seus contemporâneos. O ponto de vista semiológico associa-se à adoção rigorosa e consequente do princípio de arbitrariedade do signo que pode se resumir na frase célebre:

> A ideia de "sœur" não remete a nenhuma relação interna com a sequência de sons s-ö-r que lhe serve de significante (100),

posição convencionalista clássica, concorrente desde sempre com os filósofos da posição naturalista (o signo é imitação da natureza), e que se tornou dominante no final do século XIX; Saussure, curiosamente, insiste em dizer que ninguém até então havia concebido o alcance e explorado as consequências:

> O princípio do arbitrário não é contestado por ninguém; mas, com frequência, é mais fácil descobrir uma verdade que lhe atribuir o lugar que lhe cabe. O princípio acima enunciado domina toda a linguística da língua: suas consequências são inumeráveis. É verdade que não aparecem de imediato com a mesma evidência; e é após diversos desvios que são descobertas e com elas a importância primordial do princípio. (100)

Percebe-se melhor a importância nova desse princípio antigo quando não o separamos daquele que lhe é, no *Curso*, explicitamente ligado: a definição de *semiologia*. Como se viu, trata-se apenas de uma ciência futura cuja existência permanece condicional (*ela formaria... ela nos prenderia...*); a sugestão acerca de seu desenvolvimento futuro, no qual a linguística deve tomar lugar (*a linguística não é senão uma parte dessa ciência geral*), pode levar a ver no termo "semiologia" a promessa de um alargamento mais do que a formulação de um princípio de método imediatamente aplicável; isso seria, no entanto, ignorar as advertências do texto que, sem cessar, assimila *semiológico* e *arbitrário* e faz dessa propriedade o ponto de partida teórico de tudo que se seguirá:

> Para nós [...] o problema linguístico é, antes de tudo, semiológico e todos os nossos desenvolvimentos tomam sua significação de empréstimo a esse fato importante. (34)

Assim, a noção tradicional de signo é completamente transformada por sua retomada numa teoria semiológica da língua que associa *social*, *arbitrário* e *valor*:

> Por sua vez, o arbitrário do signo nos faz compreender melhor por que o fato social pode, por si só, criar um sistema linguístico. A coletividade é necessária para estabelecer valores cuja única razão de ser reside no uso e no consenso geral; o indivíduo, por si só, é incapaz de fixar um único valor que seja. (157)

Em suma, o ponto de partida de onde depende todo o método não é tanto a noção de signo quanto o fato de ele ser arbitrário. A novidade claramente afirmada (*pela primeira vez...*) convida-nos a ver o alcance do remanejamento de uma noção antiga, muito menos na posição filosófica adotada do que em suas consequências epistemológicas.

Consequências do arbitrário

Aplicar de maneira consequente o princípio do arbitrário é afastar, na descrição, qualquer outro ponto de vista diretor, e, em primeiro lugar, o do signo como representante de uma ideia. Dizer que na língua lidamos com a ligação íntima entre significantes e significados deve impedir toda tentativa de analisar a significação separando ideias e formas, como se estas servissem apenas como moldes mais ou menos adequados ou de reflexos mais ou menos fiéis dessas primeiras. Por essa via, a linguística separa-se radicalmente de qualquer filosofia da linguagem.

Partir do arbitrário é também afastar o sujeito falante em suas particularidades e em sua vontade de significar, pois o signo só é arbitrário porque é social, imposto por regras que ninguém pensa discutir. A língua sempre aparece como uma "herança da época anterior", um produto "a ser tomado tal qual", demasiadamente complexo para que alguém pense transformá-lo deliberadamente, além do fato de que "os sujeitos são, em larga medida, inconscientes das leis da língua" (105-6). Escapando à vontade individual, a língua também escapa à "vontade social":

> Aqui reside seu caráter essencial; mas é aquele que menos aparece à primeira vista. (34)

Sobre esse ponto, o *Curso* é particularmente insistente; é que o que está em jogo para a linguística da época situa-se na relação língua-sociedade, muito mais do que nos problemas clássicos da significação. A maioria dos linguistas, desde o final do século XIX, insiste sobre o caráter social da língua, e alguns, como Meillet, veem aí o ponto de partida do que deve ser doravante a linguística, uma "ciência social". O traço *social* vem se justapor ao traço *sistema* sem que a articulação seja feita entre os dois, as únicas relações estabelecidas entre essas duas propriedades implicam perturbação, as práticas sociais produzindo sobre certos pontos do sistema mudanças que obscurecem as relações, em particular quanto ao léxico.

O *CLG*, ao contrário, insiste sobre a ligação do caráter sistemático e do caráter social, não para reencontrar as causas que fazem a língua se modificar, mas na ótica de seu funcionamento quotidiano: social e sistema são intimamente ligados pelo arbitrário. A arbitrariedade do signo é, com efeito, o meio de retomar a questão das mudanças que remetem para a história de uma sociedade.

Apesar de nenhuma vontade individual ou social poder mudá-la deliberadamente, a língua se modifica sem parar e essa propriedade deve ser associada ao arbitrário: já que nenhuma razão, mesmo "relativa", justifica um estado

O princípio semiológico

mais do que outro, é tão impossível se opor às mudanças, que se produzem fora da consciência dos locutores, quanto impô-las por meio de qualquer regulamentação:

> A língua não pode ser assimilada a um mero contrato, e é justamente por esse lado que o signo linguístico é de particular interesse [...] Todavia não basta dizer que a língua é produto de forças sociais para se perceber claramente que ela não é livre; ao se lembrar que se trata sempre da herança de uma época precedente, é preciso acrescentar-se que tais forças sociais agem em função do tempo. Se a língua tem um caráter de fixidez, não é apenas por ser atrelada ao peso da coletividade, é também por se situar no tempo. Esses dois fatos são inseparáveis. A todo momento, a solidariedade com o passado põe em xeque a liberdade de escolher [...] É porque o signo é arbitrário que ele desconhece outra lei além da tradição e é por se fundar na tradição que ele pode ser arbitrário. (104, 108)

Se o caráter histórico e social da língua é afirmado por Saussure tão rigorosamente quanto em outros autores, aqui ele desempenha um outro papel: não se posiciona quanto à origem da linguagem (como Whitney); não propõe à linguística um programa de pesquisa em torno das covariações sociedade-língua (Meillet e sua escola); ele é absolutamente ligado ao caráter arbitrário do signo. *Arbitrário* e *social* são duas maneiras de designar a mesma propriedade fundamental da língua, a existência de uma ordem interna "que nada determina fora do estado momentâneo de seus termos" (116).

A natureza sócio-histórica da língua fica assim, de algum modo, lembrada e resumida no termo *arbitrário*; depois do que, pode-se ir mais longe ou alhures e "tirar disso todas as consequências" (119).

Essas consequências, que não se podem tirar diretamente nem do ponto de vista histórico, nem do ponto de vista social, é que as unidades que constituem o sistema dependem de uma ordem muito particular, ao mesmo tempo formal e significante, uma ordem de puros *valores*. Aqui se esclarece, de fato, a especificidade do funcionamento linguístico e o método de abordagem que ele exige.

4
Um sistema de valores

A sociedade cria o sistema

> Por sua vez, o arbitrário do signo nos faz compreender melhor por que o fato social pode, por si só, criar um sistema linguístico. A coletividade é necessária para estabelecer valores cuja única razão de ser reside no uso e no consenso geral; o indivíduo, por si só, é incapaz de fixar um único valor que seja. (157)

A relação teorizada aqui, entre os termos *social*, *arbitrário*, *sistema* e *valores*, aparece ao cabo de uma longa demonstração em que *valores* se impõe como substituto do termo clássico *signos*. Mas, muito antes da argumentação especificamente dedicada a operar tal substituição, a relação entre os referidos termos pontua diferentes momentos do *Curso*. Ela conduz muito além da distinção língua/fala, formulando a verdadeira natureza da língua e justificando a afirmação feita desde cedo: "a língua é um sistema que não conhece senão sua ordem própria". Ouve-se aqui a distinção entre sincronia/diacronia feita a partir da comparação com o jogo de xadrez:

> Primeiramente, uma posição de jogo corresponde a um estado de língua: os valores respectivos das peças dependem de sua posição no tabuleiro, da mesma forma

que, na língua, cada termo tem seu valor por oposição a todos os outros termos (enquanto) o deslocamento de uma peça é um fato absolutamente distinto do equilíbrio precedente e do equilíbrio subsequente. (126)

Assim, foram já definidas "duas linguísticas": uma narra a "série de acontecimentos" que modificou uma língua, a outra é completamente distinta:

A linguística sincrônica irá se ocupar das relações lógicas e psicológicas que unem os termos coexistentes e formam um sistema, tais como são percebidas por uma mesma consciência coletiva. (140)

O que, afirma Saussure, apresenta bem maiores dificuldades.

Onde estão as realidades observáveis?

Os três capítulos (II, III e IV da segunda parte) que tratam do termo *valor* são, de fato, muito complexos, apesar da aparente legibilidade. É que, mais do que nunca, o objetivo é ir contra as evidências de um pensamento tradicional do signo. Uma análise atenta mostra que, mais do que uma demonstração, o *Curso* desenvolve uma argumentação sinuosa marcada por falsas hesitações, pontuada de retomadas e de afirmações decisivas, ou seja, um discurso de persuasão visando a fazer admitir, no que diz respeito às unidades da língua, a equivalência *signos, relações, valores, diferenças*. O que está em jogo é de suma importância, pois se trata dos elementos que o linguista considera necessário descrever em seu funcionamento concreto.

Partimos desta interrogação: o que um linguista procura ressaltar em sua análise da língua? Em cada caso, o que faz que uma sequência signifique para um locutor.

Tomemos o enunciado *ande!*: em si, ele não significa, e sim em relação a *andem!*, *andemos!*, *eu ando...* A relação se/so que constitui a palavra *ande* e que chamamos em geral de "significação" não é suficiente para dar conta do sentido empregado; este depende das escolhas que o sistema irá permitir, cada uma delas associando forma e sentido de modo específico: se *ande!* indica uma ordem dirigida a um "você" é porque se opõe implicitamente a um *você anda* (simples constatação), a *eu ando* (constatação referente a "eu"), a *andemos!* (ordem dirigida a "nós"), etc. Tal é o mecanismo da língua, que intervém tão necessariamente na significação de uma sequência quanto a relação particular se/so que distingue *ande* de signos tais como *pare!*, ou *continue!*

Em termos clássicos, diremos que a língua funciona ao mesmo tempo pelo *léxico* e pela *gramática* (morfologia e sintaxe). Sabe-se que a tradição privilegia o papel do léxico, como indica a oposição ainda corrente nas gramáticas entre "palavras cheias" e "palavras vazias"; o segundo termo, que qualifica as marcas gramaticais, parece retirar destas qualquer papel na significação. Ao contrário, Saussure, como bom comparativista, mostra, do ponto de vista do sistema, que tudo significa da mesma maneira e segundo o mesmo processo. Pouco importa que as marcas gramaticais não remetam para "referentes", algo extralinguístico, pois não se trata nessa análise do que é dito e compreendido a respeito do mundo, mas da maneira como é dito e dos meios pelos quais isso é compreendido. O que depende do léxico, em uma língua, pode, em outra, depender da gramática; em ambos os casos, o funcionamento obedece ao mesmo princípio geral: só há relações.

> À primeira vista, as palavras, tais como registradas no dicionário, não parecem dar ocasião ao estudo gramatical, que se limita geralmente às relações existentes entre as

unidades. Mas imediatamente constata-se que uma multidão dessas relações pode ser expressa tanto com palavras quanto por meios gramaticais. Assim, em latim, *fīō* e *faciō* se opõem da mesma forma que *dīcor* e *dīcō*, formas gramaticais da mesma palavra [...] Ao comparar o grego *peitho*: *peithomai* com o francês *je persuade*: *j'obéis*, vê-se que a oposição é traduzida gramaticalmente no primeiro caso, e lexicologicamente, no segundo. (186-87)

Em ambos os casos, léxico ou gramática, a significação é sustentada pelas diferenças entre formas:

Assim, não basta dizer, colocando-se de um ponto de vista positivo, que se toma *andemos!* porque significa o que se quer expressar. Na realidade, a ideia chama não uma forma, mas todo um sistema latente, graças ao qual se obtêm oposições necessárias à constituição do signo. Este não teria, por si só, nenhuma significação própria. (179)

Pode-se então dizer que se analisam *unidades* quando se deveria tratar sempre de *relações* entre unidades diferentes? Mas onde se encontram as realidades "observáveis"? Quando se pode afirmar que estamos diante da mesma unidade (de uma identidade)? Quais são essas "entidades concretas", cuja existência empírica é afirmada sem que se consiga apreendê-las, isolá-las enquanto tais?

A língua apresenta esse caráter estranho e surpreendente de não oferecer entidades perceptíveis de imediato, sem que se possa duvidar, no entanto, que elas existam e que é o jogo entre elas que constitui a língua. (149)

A *unidade linguística: uma identidade de relações*

Para compreender a verdadeira natureza das unidades linguísticas, é necessário parar de querer isolar formas que seriam observáveis em si e admitir que elas não podem ser apreendidas senão em suas relações com outras, que elas só existem, do ponto de vista linguístico, nessas relações.

> No dia em que não houver mais *ande!, andem!* em face de *andemos!*, certas oposições cairiam e o valor de *andemos!* estaria modificado *ipso facto*. (179)

Quando a análise clássica enumera as propriedades gramaticais de tais formas – por exemplo, *eu escrevia* (categoria do verbo, voz ativa, modo indicativo, tempo imperfeito...) –, é através de uma relação implícita que afasta outras formas possíveis: *o escrito, ele escrevia, estava escrito, escrever,* etc. que apresentam outras características. Utilizam-se sempre "conceitos forjados pelos gramáticos" (153) e qualquer um que quisesse permanecer no plano unicamente concreto do observável poderia objetar:

> Não se sabe se eles correspondem a fatores constitutivos do sistema da língua. Mas como sabê-lo? E, caso se trate de fantasmas, que realidades lhes opor? (153)

Interpreta-se não raro essa observação como um simples questionamento da validade das análises clássicas, de sua "classificação defeituosa e incompleta"; o mais importante, porém, é fazer compreender que qualquer abordagem de observação e de análise deve passar por mediações desse tipo e que se trata, pois, apenas de encontrar as que são justas:

É preciso se convencer, em primeiro lugar, que as entidades da língua não se apresentam por si próprias à nossa observação. (153)

Não se trata de evitar o caráter puramente conceitual das classificações, mas, antes, de (re)pensar rigorosamente o princípio. Para Saussure, esse princípio exclui qualquer fundamento ontológico realista; ele reduz a língua a um jogo de formas que só são significantes a partir desse jogo.

O mecanismo linguístico corre, por inteiro, sobre identidades e diferenças, estas sendo apenas a contrapartida daquelas. (151)

Duas analogias devem levar à compreensão disso:

Assim, falamos de identidade a propósito de dois trens "Genebra-Paris 8h45 da noite" que partem com 24 horas de intervalo. Aos nossos olhos, trata-se do mesmo trem e, no entanto, provavelmente locomotiva, vagões, funcionários, tudo seja diferente [...]. Por que se pode reconstruir uma rua de cabo a rabo sem que ela deixe de ser a mesma rua? Porque a entidade que ela constitui não é puramente material. Ela funda-se sobre certas condições diante das quais sua maneira ocasional é estranha, por exemplo sua situação relativamente às outras; da mesma forma, o que caracteriza o trem é a hora de sua partida, seu itinerário e em geral todas as circunstâncias que o distinguem dos outros trens. (151)

A comparação com o jogo de xadrez deve terminar por convencer:

Tomemos um cavalo: será ele por si só um elemento do jogo? Certamente não, pois, em sua materialidade pura, fora de sua casa no tabuleiro e das outras condições do jogo, ele não representa nada para o jogador e só se torna elemento real e concreto uma vez revestido de seu valor e fazendo corpo com ele. Suponhamos que, no decorrer de uma partida, tal peça venha a ser destruída ou perdida: pode-se substituí-la por outra equivalente? Certamente: não somente um outro cavalo como uma outra figura desprovida de qualquer semelhança com esta será declarada idêntica, contanto que se lhe atribua o mesmo valor [...]. Eis porque, definitivamente, a noção de valor recobre a de entidade concreta e de realidade. (153-54)

Os signos são valores

Ao termo *unidade* – que implica sempre a possibilidade de isolar elementos – e ao termo *entidade* – que denota uma interrogação filosófica –, preferir-se-á, pois, *valor*, que supõe a existência de uma relação. Dizer *valor* é, por um lado, colocar uma "equivalência entre coisas de ordens diferentes", traço que aproxima a linguística da economia política – "em uma, um trabalho e um salário; em outra, um significado e um significante" (116); é, por outro lado, se colocar no âmbito de uma pluralidade de elementos independentes, pluralidade regulada de modo específico para cada língua: "Na língua, cada termo tem seu valor por oposição a todos os outros termos" (126).

O princípio semiológico do arbitrário serve de pivô a essa circulação de noções que está longe de seguir a linha reta de uma demonstração. *Valor* e *arbitrário*, as duas noções servem mutuamente de fundamento uma para a outra; mais precisamente, *valor* aparece, doravante, como a maneira linguística de retomar a noção filosófica de *arbitrário*:

A escolha que decide por tal segmento acústico para tal ideia é perfeitamente arbitrária. Se não fosse esse o caso, a noção de valor perderia algo de seu caráter, pois ele conteria um elemento imposto de fora; mas, de fato, os valores permanecem inteiramente relativos e eis por que a ligação entre a ideia e o som é radicalmente arbitrária. (157)

O mesmo tipo de transposição da filosofia para a linguística opera-se entre *signo* (ou seu equivalente comum *palavra*) e *valor*:

Da mesma forma, uma palavra pode ser trocada por algo dessemelhante: uma ideia; além disso, ela pode ser comparada com algo da mesma natureza: uma outra palavra; seu valor não é, pois, fixado enquanto nos limitarmos a constatar que ela pode ser "trocada" por este ou aquele conceito, ou seja, que ela tem esta ou aquela significação; é necessário ainda compará-la a outros valores similares, com outras palavras que se lhe podem opor. Seu conteúdo só é verdadeiramente determinado graças ao que existe fora dela. Fazendo parte de um sistema, ela se reveste não somente de uma significação como também, e sobretudo, de um valor, o que é uma coisa totalmente diferente. (160)

Falar de valor (no lugar de palavra ou unidade) leva a abordar da mesma forma léxico e gramática. Assim como o léxico, embora de maneira menos visível, como veremos, os mecanismos da gramática apresentam-se como valores (cf. p. 98).

Valores e diferenças

Se levarmos adiante esse pensamento da língua, a palavra (a unidade) não tem existência enquanto elemento positivo, isolável e diretamente observável. O que significa não é uma forma particular – no sentido em que *sou* é uma forma e *era* uma outra –, mas uma relação de formas: a significação não é ligada a uma forma em si, mas a diferenças entre formas:

> Quando se diz que eles (valores) correspondem a conceitos, subentende-se que estes são puramente diferenciais, definidos não positivamente por seu conteúdo, mas negativamente por suas relações com as outras formas do sistema; sua mais exata característica é a de ser o que os outros não são. (162)

Tanto quanto os conceitos, "os fenômenos são entidades opositivas, relativas e negativas" (164). Tomemos uma palavra qualquer – *roux* [ruivo], por exemplo. Ela não significa em si, mas pelas diferenças: diferenças conceituais (*roux/blond/brun*...) [ruivo/loiro/moreno...] e diferenças fônicas (*roux/loup*; *roux/rue*; etc.). Encontra-se por essa via a primeira distinção fundamental entre *língua* e *fala*; com efeito:

> Prova disso é a margem de ação de que gozam os sujeitos quanto à pronunciação, contanto que os sons permaneçam distintos uns dos outros [...]. A língua [...] pede apenas a diferença e não exige, como se poderia imaginar, que o som tenha uma qualidade invariável. (164-65)

O conceito de *valor* e sua ligação com o de *diferença* definem para Saussure a verdadeira natureza da língua e o conteúdo do termo *sistema*:

Um sistema linguístico é uma série de diferenças de sons combinadas a uma série de diferenças de ideias. (166)

O caráter abstrato e abrupto de tal conclusão ia de encontro a todos os hábitos do pensamento linguístico de seus contemporâneos. De fato, ele define o que poderíamos chamar uma teoria dos observáveis.

> (M)as esse relacionamento de certo número de signos acústicos com outras tantas divisões feitas na massa do pensamento engendra um sistema de valores; e é esse sistema que constitui a ligação efetiva entre os elementos fônicos e psíquicos no interior de cada signo. Apesar de o significado e o significante serem considerados, cada qual à parte, puramente diferenciais e negativos, sua combinação é um fato positivo; é até mesmo a única espécie de fato que a língua comporta. (166)

A ordem própria, interna da língua, é, com efeito, a ordem formal de um jogo; ela interpõe-se entre o interlocutor e o mundo, impondo suas restrições, estranhas tanto à lógica como à ordem da natureza. As consequências metodológicas de tais afirmações são decisivas.

5

O *CLG*: uma epistemologia e uma metodologia

Tal desenvolvimento não linear, com retomadas e complicação progressiva de noções antes propostas sem argumentação, elabora o que deve (deveria) ser uma linguística nova, em ruptura com um século de história. e que Saussure chama de *linguística sincrônica*. Será a resposta esperada à pergunta da época (já evocada): como fazer uma *linguística geral*? É, em todo o caso, a primeira vez que, sob o modelo da ciência social – chamada por Comte a se constituir como uma "física" –, a pesquisa sobre a linguagem e as línguas tenta pensar rigorosamente as propriedades de seu objeto e os limites de seu campo. Esse empreendimento é antes positivista, se dermos a esse termo todo o seu alcance epistemológico; mas se por esse programa ele se aproxima do horizonte filosófico de seu tempo, por seu caráter inacabado ele marca os limites que pretende ultrapassar. Tomemos como tarefa compreender, por meio de uma retrospectiva do *Curso*, como é definida uma *linguística interna*.

Uma linguística interna

O desenvolvimento sobre as "entidades concretas" da língua, a serem compreendidas como "valores", ou seja, finalmente como "diferenças", representa a resposta, em princípio diferida, à interrogação proposta desde o início no *Curso*:

> Qual é o objeto ao mesmo tempo integral e concreto da linguística? A questão é particularmente difícil, veremos mais adiante o motivo: limitemo-nos aqui a explicar essa dificuldade. (23)

Já na introdução e nos primeiros capítulos, o que havia sido anunciado é retomado sob a forma de afirmações abruptas a serem tomadas como tais: face ao caráter "multiforme e heteróclito" do que chamamos de linguagem, "a língua, ao contrário, é um todo em si e um princípio de classificação" (25); a língua é "uma instituição social" porém particular; "ela é um sistema de signos" comparável a outros (ritos simbólicos, signos de polidez...), "ela é apenas o mais importante desses sistemas" (33); e, por fim:

> O problema linguístico é, antes de tudo, semiológico (e todos os nossos desenvolvimentos tomam emprestada sua significação desse fato importante). Ao se querer descobrir a verdadeira natureza da língua, é preciso concebê-la inicialmente no que tem de comum com outros sistemas da mesma ordem. (34-35)
>
> A língua é um sistema que só conhece sua própria ordem (43) [a de uma "gramática" comparada à de um jogo de xadrez].

Ao longo do desenvolvimento desses primeiros enunciados de princípio, as enunciações correlativas que o *Curso* impôs de início à linguística vão se precisando, sob a forma de demarcações severas: primeiro uma exclusão global, que sempre foi difícil de se admitir, a dos "fatos de linguagem" diferentes da língua tal como foi definida:

Não apenas a ciência da língua pode prescindir dos outros elementos da linguagem como só se torna possível quando esses outros elementos não estão misturados. (30)

Eles poderão ser tratados mais adiante, de alguma forma secundária:

> Concedendo à ciência da língua seu verdadeiro lugar no conjunto do estudo da linguagem, conseguimos situar toda a linguística. Todos os outros elementos da linguagem, que constituem a fala, vêm por si mesmos se submeter a essa primeira ciência. (36)

Essa primeira decisão, que utilizou uma diferença linguística própria ao francês (*langage/langue*) [linguagem/ língua] para fazer disso uma distinção conceitual, fundou as seguintes bifurcações:

– a distinção da *língua* – "social" – e da *fala* – "individual" –, isto é, de um lado, "um sistema existente virtualmente em cada cérebro", e, de outro, "as combinações pelas quais o sujeito falante utiliza o código da língua com o intuito de expressar seu próprio pensamento" (30-31);

– a distinção de uma "linguística interna" e de uma "linguística externa", visivelmente subordinada à primeira e à qual são remetidos os fenômenos de linguagem estranhos ao sistema da língua – por exemplo, tudo aquilo que concerne à história política, às instituições, à geografia, que intervém sem dúvida nas mudanças linguísticas, mas não no funcionamento do sistema à disposição dos locutores (43);

– a distinção dos estudos sincrônicos e diacrônicos, "duas linguísticas opostas em seus métodos e seus princípios", pois se ocupam de tipos diferentes de fenômenos:

Um é uma relação entre elementos simultâneos, o outro é a substituição de um elemento por outro no tempo, um acontecimento [...]; essa diferença de natureza entre termos sucessivos e termos coexistentes, entre fatos parciais e fatos que se referem ao sistema, impede que se faça de uns e dos outros a matéria de uma única ciência. (124-29)

A apresentação dessas duas últimas oposições apoia-se na analogia com o jogo de xadrez. É essa mesma analogia que, como foi visto, ilustra a noção de sistema de valores, e, nesse caso ainda, deve levar à convicção, por ser difícil resistir à imagem desse "cavalo" que mantém seu papel com outra roupagem, a partir do momento em que "se reveste de seu valor e faz corpo com ele" (154).

A língua é uma forma ou as dificuldades da abstração

O que é assim representado, o caráter formal da língua, revela-se ao mesmo tempo o ponto mais difícil do *Curso*. Tudo o que precede prepara o enunciado dessa propriedade, mas ela não podia, ao que parece, ser explicitada e desenvolvida senão na conclusão desses três capítulos:

Unidade e fato de gramática não se confundiriam se os signos linguísticos fossem constituídos por algo mais que diferenças. Mas, sendo a língua o que é, de qualquer lado que seja abordada, nela nada será simples; em toda parte e sempre, esse mesmo equilíbrio complexo de termos que se condicionam reciprocamente. Dito de outro modo, *a língua é uma forma e não uma substância.* (168-69)

Através desse termo "forma", carregado de toda a polissemia de seus empregos filosóficos, encontra-se enfim nomeado, se não definitivamente esclarecido, o modo de existência da língua saussuriana, objeto concreto tão abstratamente definido.

Cabe lembrar que a abstração (assimilada à especulação) era malvista pelos linguistas positivistas; em vários momentos, o *Curso* faz eco a isso e vemos Saussure constantemente preocupado em mostrar que ele fala de "realidades" e de "entidades concretas". Não se trata de "abstrações", diz ele a respeito das unidades da língua, uma vez que elas são, ao mesmo tempo, "ratificadas pelo consentimento coletivo" e têm sua "sede no cérebro" (p. 32, retomado na p. 145). No entanto, o que está em jogo é, na essência, uma construção abstrata nessa teoria da língua, e vemos Saussure insistir de fato na necessidade de livrá-la de tudo o que remeteria ao concreto, tal como se crê poder observar diretamente.

Sem dúvida, ele avalia antes a língua como "tesouro depositado pela prática da fala nos sujeitos pertencentes a uma mesma comunidade", mas é para justapor imediatamente a tal descrição imagística uma designação muito longe de uma representação concreta: "um sistema gramatical existente virtualmente em cada cérebro" (30). Da mesma forma, quando fala de "marcas psíquicas" depositadas em cada cérebro, é difícil se representar esse "algo que se encontra em cada um deles, sendo comum a todos e colocado fora da vontade dos depositários" (38). O som material ao menos parece concreto, mas o *significante*, afirma Saussure, não é exatamente "o som material, coisa puramente física, mas a marca psíquica desse som" (98). Quanto à união de uma coisa e de um nome, que cada um crê poder observar no aprendizado da língua, só uma concepção "simplista" da língua como "nomenclatura" supõe que "a ligação que une uma coisa e um nome é uma operação simples, o que está longe de ser verdade" (97). Quanto à relação da língua com o pensamento, de que cada um acredita fazer a experiência direta quando busca as palavras, Saussure recusa as imagens tradicionais (molde ou reflexo) e, a respeito dessa questão filosófica, radicaliza sua posição ao afirmar que o pensamento, em si mesmo "amorfo", seria impotente sem a língua:

> Tomado em si, o pensamento é como uma nebulosa em que nada está necessariamente delimitado. Não há ideias preestabelecidas e nada é distinto antes do aparecimento da língua. (155)

Diante de tal reino "flutuante", os sons tampouco oferecem alguma fixidez e a questão clássica da relação pensamento-língua encontra-se deslocada em prol da relação pensamento-som; tal ligação, diz Saussure, opera por intermédio da língua, cuja existência e cujo funcionamento são apreendidos nessa operação. O texto saussuriano e o esquema que o acompanha (cf. Anexo) são aqui límpidos, mesmo que a operação assim imaginada permaneça de difícil representação.

> O papel característico da língua frente ao pensamento não é criar um meio fônico material para expressar as ideias, mas servir de intermediário entre o pensamento e o som, em condições tais que sua união implica necessariamente delimitações recíprocas de unidades [...]. Não há nem materialização dos pensamentos, nem espiritualização dos sons; trata-se, antes, desse fato, de algum modo misterioso, de que o "pensamento-som" implica divisões e a língua elabora suas unidades ao se constituir entre duas massas amorfas. (156)

As palavras e as coisas: *uma posição filosófica diferente*

Ao enunciar esse funcionamento formal que explicita e desenvolve a rápida afirmação de partida ("o signo linguístico une não uma coisa e um nome, mas um conceito e uma imagem acústica", 38), Saussure retira da linguística um problema permanente dos filósofos e, com certa arrogância, reduz suas teorias à da "língua-nomenclatura", concepção simplista de "certas pessoas". Essa exclusão do que se chamava ainda de "referente" e seu corolário (a língua é uma forma) eram essenciais para a definição do objeto e do campo. A formulação disso, no entanto, aparece tarde no *Curso*; ela obrigava a uma tomada de posição em filosofia, ao mesmo tempo que afirmava que esta nada tinha a dizer sobre a língua. Essa posição paradoxal, que é claramente proposta e, de algum modo, negada, se resume no esquema precedente (as divisões operadas pela língua entre "duas massas amorfas"), do qual Saussure diz que ele mostra, sem explicar, um fato que permanece "misterioso".

O que se encontra retomado e reafirmado é o que foi logo depois qualificado de "essencial": a natureza semiológica da língua, isto é, o princípio do arbitrário e o jogo de valores que este induz; já fora difícil impor o afastamento da fala e da história, seria então impossível fazer compreender de antemão a abstração de uma posição que leva a considerar a língua como "uma álgebra que não teria senão termos complexos" (168), o que exclui da linguística interna qualquer preocupação quanto à relação da língua com o mundo; era preciso encontrar os meios de tornar pensável uma posição completamente nova, a da *semiologia*, tal como Saussure a entende.

Permanece difícil, apesar de todos os desvios, analogias e retomadas em círculo, pensar um funcionamento formal que não encontre apoio algum na imaginação; uma fórmula como "um sistema linguístico é uma série de diferenças de sons combinada com uma série de diferenças de ideias" (166) só persuade aqueles que aceitaram, provisoriamente, renunciar à evidência do concreto, da língua familiar, cotidianamente partilhada, e as propriedades dessas trocas. Talvez seja também pelo fato de essa visão da língua, que foi de uma tão grande fecundidade para a linguística moderna, não poder dar conta de uma dimensão presente em todas as línguas naturais, pela qual elas diferem das línguas formais. Voltaremos a essa insuficiência que foi muitas vezes designada (de modo também insuficiente) como o afastamento da significação.

A. Sechehaye, um dos editores do *Curso,* adverte-nos em sua resenha de 1917: essa linguística interna cujo coração é, a seus olhos, a noção de *valor,* é de uma grande abstração:

> Tais princípios, que fornecem à nossa ciência a subestrutura de abstrações, de conceitos fundamentais que devem fundamentar qualquer ciência digna desse nome, parecerão bem sutis aos olhos de linguistas afeiçoados à ciência concreta; [...] Mas, se tais ideias são sutis, elas não são abstrusas. Ninguém irá negar que tal doutrina seja, por seu alcance filosófico, própria para reter a atenção de qualquer pessoa que pretenda refletir. Seja qual for o interesse que as questões de linguística hajam provocado até aqui, [...] é evidente que o problema abstrato e geral da língua torna-se particularmente cativante quando é visto à luz desse novo princípio: "A ciência da língua é uma ciência dos valores". (30)

Cinquenta anos mais tarde, Emile Benveniste, convidado a se pronunciar a respeito desse caráter de radical novidade (tratava-se de uma "ruptura epistemológica"?, perguntavam-lhe), teve essa resposta ambígua: em relação ao começo que foi a gramática comparada, "Saussure não é um começo ou é uma outra espécie de começo" (1974, 31). É que o *Curso* representa a única reflexão geral sobre a gramática comparada conforme à exigência da epistemologia positivista, sendo ao mesmo tempo muito mais do que isso. Reconhecer ali a realização da linguística geral era pôr em causa práticas bem mais ancoradas que ainda pareciam profícuas; era, em particular, reconhecer que seria necessário proceder de outro modo para recolher os dados que deviam conduzir a essa linguística geral; aceitar, pois, as consequências desses princípios abstratos.

As consequências metodológicas

> Mas, sendo a língua o que é, de qualquer lado que seja abordada, nela nada será simples; em toda parte e sempre, esse mesmo equilíbrio complexo de termos que se condicionam reciprocamente. [...] Assim, em um estado de língua tudo repousa sobre relações; como funcionam elas? (169-70)

Uma primeira consequência se impõe: é preciso partir do sistema e, por consequência, deixar de isolar as unidades, uma vez que elas só têm realidade linguística na forma de relações. A linguística histórica, praticada e aperfeiçoada durante décadas, permite que se reconstruam as diferentes etapas de transformação de elementos linguísticos (raízes nominais ou verbais, afixos diversos...) e faz a descrição comparada das realizações de tais elementos em outras línguas próximas. Ora, esse método tem o defeito, aos olhos de Saussure, de, por um lado, isolar os elementos, e, de outro, de misturar os dados de épocas diferentes; por isso, negligencia, em cada caso, o sistema em que tal ou tal elemento, em um momento dado, esteve inserido e, assim, tomou sentido para os locutores. Ele é, então, incompatível com a linguística sincrônica, que não se interessa pelas mudanças como processo, mas somente por suas consequências para o sistema.

Assim, a forma plural do inglês *feet* (antigamente *footi*, oposto ao singular *foot*), diferente das formas do plural em *s*, tem sua história particular, que a linguística diacrônica reconstrói, como aquela da forma alemã *Gäste* (em lugar do antigo *Gasti*, oposto ao singular *Gast*). Essas mudanças fônicas, acontecimentos contingentes, tiveram como consequência as realizações fônicas diferentes de uma mesma relação gramatical (oposição singular/plural). O linguista que quer descrever o que funciona para o locutor ignorante do passado de sua língua deve "fazer tábua rasa de tudo o que produziu (esse estado) e ignorar a diacronia" (117). Ele descreve o estado da língua dos locutores de uma sincronia, ou seja, as relações formais pelas quais, neste momento, passa a significação: "Não é *Gäste* que exprime o plural, mas a oposição *Gast/Gäste*" (122). É em uma relação sincrônica que tal forma exprime tal sentido, e não em uma relação histórica com formas precedentes alteradas e desaparecidas.

Mas ele vai também se interessar pelos resultados de processos de ordem diferente que a linguística histórica considerava como formações "incorretas" segundo as leis da evolução fonética, as formações ditas por "analogia". Para Saussure, o fenômeno da analogia, que tende a restabelecer a regularidade de um esquema quando o paradigma foi perturbado pela evolução fonética, representa um tipo de experiência reveladora do funcionamento ordinário da língua.

A experiência da analogia ou como se transforma um problema

Da mesma maneira que, em francês, de *terre* formou-se *atterrir*, e de *lune*, *alunir*, pode-se imaginar, a partir do esquema *réaction*: *réactionnaire*, *révolution*: *révolution-naire*, a criação de uma forma *répressionnaire*, que estaria com *répression* na mesma relação de "quarta proporcional". Uma nova forma, conforme a um paradigma da língua, encontra-se assim criada e será ou não aceita pela comunidade. É pelo mesmo fenômeno de criação de formas que "a analogia se exerce em favor da regularidade e tende a unificar os processos de formação e de flexão" quando eles foram perturbados por mudanças fonéticas; porém, acrescenta Saussure, ela tem seus caprichos: ao lado de *Kranz*: *Kränze* (formados, analogicamente, segundo *Gast*: *Gäste*), temos *Tag*: *Tage*, *Salz*: *Salze*, etc., "que resistiram, por uma razão ou outra, à analogia" (222). Da mesma forma, em francês, enquanto a flexão dos verbos *aimer* ou *trouver* se regularizou (*aime/aimons* em lugar da antiga alternância resultante da evolução fonética *aim/amons*, ou *trouve/trouvons* no lugar de *treuve/trouvons*), os verbos *pouvoir* e *vouloir* continuam a opor *-eu/-ou*.

Quando a analogia é aplicada fora do uso corrente – por exemplo, nas criações das crianças (*viendre* de *viens*, ou *peindu* de *venu*...) –, ela torna visível, pela surpresa que provoca e que suspende em um ponto a evidência da fala, o funcionamento corrente das relações dentro do sistema, constituindo para o linguista o equivalente de uma experiência analisável; Saussure conclui daí:

> A analogia é de ordem gramatical: ela supõe a consciência e a compreensão de uma relação que une as formas entre si. (226)

Seria bem difícil determinar o grau dessa "consciência"; mais adiante, aliás, está dito que a comparação que precede a criação analógica é "inconsciente" (227); esse termo inquietante permite distinguir a analogia dos fenômenos de transformação fonética que se produzem inteiramente à revelia dos locutores. Ele indica, sobretudo, que haveria, ao contrário, uma espécie de saber nas produções analógicas e que é este saber que preside o uso vivo da língua: saber adquirido e implícito, que pode ser revelado por meio da análise; saber que organiza qualquer produção de fala:

> A atividade contínua da linguagem, ao decompor as unidades que lhe são dadas, contém em si não somente todas as possibilidades de um falar conforme ao uso, mas também todas as possibilidades das formações analógicas. [...] Em resumo, a analogia, tomada em si, é apenas um aspecto do fenômeno de interpretação, uma manifestação da atividade geral que distingue as unidades para utilizá-las em seguida. (227)

Dizendo de outro modo, nas criações analógicas, assim como no manejo corrente das formas, os locutores aplicam esquemas regulares dos quais têm um conhecimento implícito. Dispondo, com a língua, ao mesmo tempo de um "tesouro" e de um "sistema gramatical" (30), eles escolhem e combinam formas linguísticas: dizer *réaction* supõe que se tenha de algum modo "eliminado" o que poderia se encontrar em seu lugar, por exemplo *action* ou *pression*..., e é, de modo absolutamente simultâneo, combinar essa forma com um prefixo, *ré-*, que poderia ter sido outro (*inaction*, *contraction*...) ou permanecer igual a zero como em *action* ou *pression*. Isso porque o zero intervém na significação tal como qualquer elemento diretamente observável: entre *marche* e *marchons*, é a relação sufixo *zero*/-*ons* que carrega a significação e não a forma -*ons* que, sozinha, não significa nada, assim como o -*ait* de *il marchait* se não se puder opor ao zero de *il marche*, bem como ao -*a* de *il marcha*.

Há muito praticada sem ser explicitamente formulada pela gramática comparada, esse tipo de análise remete, no *Curso*, para um princípio geral que define a língua como um sistema de relações. Um fato de analogia (*répressionnaire* a partir de *réactionnaire*) é, assim, particularmente propício para tornar visível o funcionamento regular da língua que, na maior parte do tempo, escapa à atenção; ele revela que a significação se produz nas relações que podem ser analisadas segundo dois eixos: o eixo das escolhas, que Saussure chama de *eixo associativo*, e o eixo das combinações, chamado de *sintagmático*. Somente as combinações (realizações manifestas) são diretamente observáveis, mas elas supõem escolhas – necessárias, embora invisíveis. Saussure afirma que as operações nos dois eixos são, respectivamente, *in presentia* (formação dos sintagmas) e *in absentia* (escolha no eixo associativo).

A análise sincrônica exige que se leve em conta a igualdade dos dois eixos que formalizam separadamente o que, na fala, se produz ao mesmo tempo: as construções dos sintagmas e as operações de escolha que o linguista empirista tenderia a negligenciar. Não é evidente, com efeito, fazer intervir elementos "ausentes" quando se está preocupado em não sair dos dados observáveis (que se crê diretamente visíveis). Aí reside uma dificuldade metodológica que remete à dificuldade teórica correspondente: a língua é um sistema de diferenças. Não há nada menos diretamente observável!

Desse modo, encontra-se retomado e transformado um problema recorrente da linguística histórica que ela não conseguia perceber claramente. A analogia, perturbando de forma irregular a aplicação das leis de mudança dos sons, era um fenômeno incômodo; considerando-a um erro, era relacionada a uma espécie de intervenção danosa dos locutores que era difícil de conciliar com a ordem quase mecânica da evolução fonética. Como em qualquer mudança, Saussure vê aí, num primeiro tempo, um fenômeno de fala, que é aceito ou não pela comunidade em um segundo tempo; mas, diferentemente da mudança fonética, que é sempre alteração de uma forma mais antiga, ele mostra que o fenômeno analógico é uma "criação" e Saussure o integra em sua teoria da língua, vendo aí uma operação da mesma ordem que a da atividade corrente dos locutores, como, em outros campos, o "patológico" (ou considerado como tal) esclarece o "normal", cujos traços ressalta. Provém daí, como conclusão, esta afirmação paradoxal referente a um problema clássico da linguística histórica:

> Eis por que dizemos que ela (a analogia) é completamente gramatical e sincrônica. (227)

Léxico e gramática

Isso significa dizer que a linguística interna, sincrônica, tal como organizada pelos seus princípios, é apenas uma "gramática"? O que se fará do léxico, tradicionalmente considerado como o que carrega a significação? Estará a semântica inteiramente ausente dessas novas proposições? Foi o que se acreditou e disse muitas vezes, em particular nos anos estruturalistas, o que permitia fundir o *CLG* no mesmo programa da gramática distribucional americana, para a qual não levar em conta a significação, conforme a referência behaviorista, era um princípio metodológico de base; o sentido era colocado do lado do subjetivo e, como

O *CLG*: uma epistemologia e uma metodologia

tal, inobservável, não analisável, portanto. Mas associar Saussure a esse método de análise era fazer um amálgama em que a originalidade de sua teoria desaparecia e, em particular, sua concepção da gramática. É necessário ver de mais perto a transformação que ele introduziu quanto a isso.

Sabe-se, desde a escola, que a distinção entre o léxico e a gramática é bem estabelecida e, como já assinalamos, formula-se frequentemente assim: de um lado, as palavras "cheias", que significam, ou seja, remetem ao mundo (ao extralinguístico); do outro, os instrumentos gramaticais supostamente "vazios", que permitem construir as frases pelas quais se diz o mundo. O pressuposto lógico-metafísico dessa distinção é tão antigo quanto as reflexões sobre a linguagem e nunca foi colocado em questão; nem, na prática, o uso de dois tipos de obras pedagógicas, o dicionário e a gramática. Digamos que não se pode nem dispensar essa distinção, nem se satisfazer com ela.

Se levarmos a sério o princípio fundamental do *CLG*, não podemos nos satisfazer conferindo apenas às unidades lexicais o papel de significar, como se elas pudessem produzir o sentido fora de suas relações com o contexto, isto é, o resto da frase em que estão inseridas por uma construção gramatical (tomando "contexto" em seu sentido minimal). O princípio que faz da língua um sistema de diferenças significativas aplica-se igualmente e ao mesmo tempo aos elementos gramaticais e lexicais: o singular só é significado em oposição ao plural (*nacht/ nächter, un enfant/des enfants*), o passado em relação ao presente (*nous marchons/nous marchions)*, assim como uma unidade lexical só significa em relação a uma outra (*table/tableau, table/chaise...*). As oposições gramaticais são adquiridas ao mesmo tempo que as oposições lexicais no decorrer da aprendizagem da língua; elas não se separam do uso (com, evidentemente, as mesmas possibilidades de aproximações, de variações e de "erros" nas realizações da fala).

Saussure, tal como vimos, lembra que, conforme as línguas, uma mesma noção pode ser expressa pela gramática ou pelo léxico: dá o exemplo da diferença lexical em francês entre *persuader* e *obéir* correspondendo, em grego antigo, à oposição entre duas formas do mesmo verbo (cf. p. 76):

> A interpenetração da morfologia, da sintaxe e da lexicologia se explica pela natureza no fundo idêntica de todos os fatos de sincronia [...] Em resumo, as divisões tradicionais da gramática podem ter sua utilidade prática, mas não correspondem às distinções naturais e não são unidas por nenhuma ligação lógica. A gramática não pode ser edificada senão por um princípio diferente e superior. (187)

O termo "gramática" toma, então, um alcance bem maior, englobando o léxico:

> A linguística estática ou descrição de um estado de língua, pode ser chamada *gramática* em um sentido muito preciso e, aliás, usual que se encontra nas expressões "gramática do jogo de xadrez", "gramática da bolsa de valores", etc., em que se trata de um objeto complexo e sistemático, que coloca em jogo valores coexistentes. A gramática estuda a língua como um sistema de meios de expressão: quem diz gramatical diz sincrônico e significativo... (185)

Essa era já a conclusão dos capítulos sobre o valor:

> O que se chama geralmente de um "fato da gramática" corresponde, em última análise, à definição da unidade,

> pois exprime sempre uma oposição de termos [...]. A língua é, por assim dizer, uma álgebra que não conteria senão termos complexos. Entre as oposições que ela compreende, algumas são mais significativas do que outras; mas unidade e fato de gramática são apenas nomes diferentes para designar aspectos diversos de um mesmo fato geral: o jogo das oposições linguísticas; [...] Unidade e fato de gramática não se confundiriam se os signos linguísticos fossem constituídos por algo mais que diferenças. (168)

Na descrição, serão substituídas, então, as "divisões tradicionais" pelas "divisões racionais": deixar-se-á de "excluir a lexicologia da gramática" e será incluído "tudo que compõe um estado de língua em uma teoria de sintagmas e em uma teoria de associações" (188). Tal deveria ser doravante o princípio de classificação; a descrição irá explicitar, assim, o funcionamento espontâneo dos locutores, jogando com as relações com os dois eixos que Saussure, por tal razão, chama "naturais".

Resta que certas oposições aparecem como "mais significativas do que outras" e que um locutor não colocará no mesmo plano (caso aceite refletir sobre isso) a diferença entre *recear* e *temer* e aquela que opõe *eu receio* a *eu receava*, assim como a série associativa na língua francesa *enseignement, enseigner, renseigner...* parecer-lhe-á, afirma Saussure, de outra ordem que a associação igualmente possível entre *enseignement, jugement, changement...* Como dar conta dessa experiência do locutor: a intuição de regularidades e de proximidades maiores ou menores no seio da contingência das formas? Não seria incompatível com o princípio da arbitrariedade do signo, esse "princípio diferente e superior" capaz de englobar léxico e gramática? Dito de outro modo, a injunção de método dirigida aos linguistas – fazer a teoria dos "agrupamentos" (as construções sobre o eixo dos sintagmas) apoiando-se sobre a existência (*in absentia*) de associações – teria seu correspondente teórico na semiologia?

A *língua: uma atividade incessante*

A pergunta é bastante embaraçosa e somos levados a retomar o problema (cf. 2ª parte, p. 158 e seg.); no *CLG*, ele é resolvido da seguinte maneira:

> O princípio fundamental da arbitrariedade do signo não impede distinguir em cada língua o que é radicalmente arbitrário, ou seja, imotivado, do que só o é relativamente. Apenas uma parte dos signos é absolutamente arbitrária; em outras, intervém um fenômeno que permite reconhecer graus no arbitrário sem suprimi-lo: *o signo pode ser relativamente motivado*. (181)

Aqui, ainda, Saussure retoma uma questão clássica para fazer dela outra coisa. Na tradição filosófica, como visto, *arbitrário* é equivalente a *convencional*, ou seja, *institucional*; sobre a questão da relação entre palavras e coisas, é a resposta pelo laço social, o contrato, oposto à relação de semelhança, "natural"; mal se vê como introduzir gradações nessa escolha binária. Mas Saussure desloca a questão do campo filosófico para o da língua:

> Assim, *vinte* é imotivado, mas *dezenove* não o é no mesmo grau, pois evoca os termos de que se compõe e os outros que lhe são associados, por exemplo *dez, nove, vinte e nove*, etc.; tomados separadamente, *dez e nove* estão nas mesmas condições que *vinte*, mas *dezenove* apresenta um caso de motivação relativa. (181)

O *CLG*: uma epistemologia e uma metodologia

Isso apenas quer dizer que a "motivação" é puramente linguística, que em nada concerne à relação entre palavras e coisas mas à sua relação com outras palavras: *pereira* é tão arbitrário com relação a árvore quanto *pera* em relação ao fruto; a associação que os aproxima para o locutor é de ordem linguística, tanto quanto *ande, andemos, andar...* O que Saussure esclarece com muita precisão:

> A noção de relativamente motivado implica: 1º a análise do termo dado, portanto uma relação sintagmática; 2º a evocação de um ou vários outros termos, portanto uma relação associativa. [...] Até aqui, as unidades nos apareceram como valores, ou seja, como elementos de um sistema, e nós as consideramos, sobretudo, em suas oposições; agora estamos reconhecendo as solidariedades que as vinculam; são de ordem associativa e de ordem sintagmática e são elas que limitam a arbitrariedade. (182)

Surge então uma imagem da língua que vem complicar singularmente a do jogo de xadrez e, mais ainda, que remete a língua a um *código*, termo que só encontramos excepcionalmente no *CLG*, embora tenha sido sistematicamente retomado pelo estruturalismo:

> [...] todo o sistema da língua repousa sobre o princípio irracional da arbitrariedade do signo, que, aplicado sem restrição, levaria à complicação suprema; mas a mente consegue introduzir um princípio de ordem e de regularidade em certas partes da massa dos signos, e esse constitui o papel do relativamente motivado. Se o mecanismo da língua fosse inteiramente racional, poderia ser estudado em si mesmo; mas, como se trata apenas de uma correção parcial de um sistema naturalmente caótico,

adota-se o ponto de vista imposto pela natureza da língua, estudando tal mecanismo como uma limitação da arbitrariedade. (182-83)

Assim, encontra-se fundada na teoria a injunção de método dirigida aos linguistas: estabelecer classificações em função de dois eixos, em que reencontram "a limitação da arbitrariedade". Eis o que vai além da oposição léxico/gramática:

> São como dois polos entre os quais se move todo o sistema, duas correntes opostas que dividem entre si todo o movimento da língua: a tendência a empregar o instrumento lexicológico, o signo imotivado, e a preferência concedida ao instrumento gramatical, ou seja, à regra de construção. (183)

Podemos, inclusive, classificar as línguas segundo suas "preferências por tal ou tal instrumento" e estudar na evolução de uma mesma língua "a passagem contínua do motivado para o arbitrário e do arbitrário para o motivado", sem abandonar com isso o princípio da arbitrariedade absoluta que é "a condição essencial do signo linguístico" (184).

O que Saussure, aqui, chama de "mente" [*esprit*], em outra parte de "consciência" do sujeito falante – encontramos até "ele pensa inconscientemente" (179) –, é também aquilo que fora visto operando nas criações analógicas. É de se lembrar que o fenômeno analógico obedece ao mesmo princípio de funcionamento que o uso mais comum da língua; é a atividade dos locutores que intervém aqui, atividade incessante só pela qual a língua existe; não é sem relação com aquilo que Humboldt chamava de *energeia*, que ele opunha a um *ergon*, resultado adquirido e fixado; é (de certa forma) aproximado

O *CLG*: uma epistemologia e uma metodologia

do que Chomsky chama de *criatividade* e Culioli de *atividade epilinguística*; todos termos que nomeiam, mais do que explicam, esse modo de ser específico da língua que sempre preocupou Saussure: a combinação das propriedades estáticas, que seriam as da memória, e do caráter dinâmico de um "mecanismo", de um "funcionamento", na prática da língua:

> Compreende-se, de pronto, o jogo desse duplo sistema no discurso; nossa memória retém em reserva todos os tipos de sintagmas mais ou menos complexos [...] e, no momento de empregá-los, fazemos intervir os grupos associativos para fixar nossa escolha [...] Assim, não é suficiente dizer, colocando-se num ponto de vista positivo, que se escolhe *andemos!* porque significa o que se quer expressar. Na realidade, a ideia invoca não uma forma, mas todo um sistema latente, graças ao qual se obtêm as oposições necessárias à constituição do signo. (179)

O princípio dessa combinação não é perfeitamente esclarecido no *CLG*; veremos que a especificidade do objeto-língua permaneceu como uma questão para Saussure. Uma coisa ao menos é fortemente afirmada, se não de todo demonstrada, ao término desse percurso:

> Uma unidade material não existe senão pelo sentido, pela função de que se reveste [...] Inversamente [...] um sentido, uma função, só existem pelo suporte de alguma forma material. (192)

Esse princípio, concluindo a apresentação da linguística sincrônica, deve ser o fio condutor de qualquer análise linguística; ele é capaz de distinguir entre a abordagem do linguista (gramático) e a do filósofo. Se ambos lidam com o sentido, isso não se dá da mesma forma; por tal razão, a possibilidade de uma semântica a partir do ensino saussuriano, como veremos, permanece sempre em debate.

O CLG: *um seminário de linguística geral?*

Poderia o desenvolvimento precedente responder à pergunta de partida: o *Curso* é a resposta esperada ao problema da época, a exigência de uma linguística geral? A apresentação aqui feita insistiu sobre seu alcance epistemológico, vendo ali, antes de tudo, uma reflexão sobre as condições de uma abordagem científica em linguística. Nessa interpretação, *geral* qualifica a *generalidade* dos princípios, o que introduz uma diferença fundamental com relação à *generalização* dos resultados empíricos que os projetos ditos de linguística geral então implicavam. No entanto, reduzir o *Curso* a uma epistemologia da linguística equivale a dizer que Saussure só teria retido, da "tarefa" consignada à linguística já nas primeiras páginas, um único dos três pontos então enumerados; precisamente:

> A tarefa da linguística será:
>
> a) fazer a descrição e a história de todas as línguas que possa atingir, o que implica fazer a história das famílias de línguas, bem como reconstituir, na medida do possível, as línguas-mães de cada família;
>
> b) buscar as forças que estão em jogo de maneira permanente e universal em todas as línguas, bem como deduzir leis gerais às quais se possam referir todos os fenômenos particulares da história;
>
> c) delimitar-se e definir-se a si própria. (20)

O ponto a) recobre todo o desenvolvimento do que ocupou os comparatistas desde Bopp; o ponto b) parece retomar o programa de generalização do que fora adquirido, tal como se formulava correntemente, assunto cujas dificuldades, e até certo impasse, foram evocadas; somente o terceiro ponto, em sua estranha brevidade, corresponde à interpretação dada, aqui, do termo "geral". Esta não implica de modo algum que Saussure tenha explicitamente retirado da linguística geral o que representava a atividade habitual (ponto a) e o objetivo mais ou menos longínquo (ponto b) de seus contemporâneos. Ocorre-lhe evocar a universalidade a respeito do "objeto concreto de nosso estudo":

> O que nos é dado são as línguas. O linguista é obrigado a conhecer o maior número possível delas, para tirar, dessa observação e de sua comparação, o que há de universal entre elas (64);

e nos "Princípios de fonologia", apêndice acrescentado pelos editores a partir de conferências nitidamente anteriores ao *Curso*:

> Se nesse fenômeno da fonação alguma coisa oferece um caráter universal que se anuncia como superior a todas as diversidades locais dos fenômenos, é sem dúvida essa mecânica regrada de que acabamos de tratar (79);

mas é para finalmente renunciar a tratar do que é geral nessa perspectiva; pelo menos é o que está afirmado quanto a um possível "ponto de vista pancrônico":

> Até aqui, tomamos o termo *lei* em seu sentido jurídico, mas haveria talvez na língua leis no sentido utilizado pelas ciências físicas e naturais, ou seja, das relações que se verificam sempre e em toda a parte? Em uma palavra, poderia a língua ser estudada de um ponto

de vista pancrônico? Sem dúvida. Assim, na medida em que se produzem e se produzirão sempre mudanças fonéticas, podemos considerar esse fenômeno em geral como um dos aspectos constantes da linguagem: trata-se de uma de suas leis. (134)

No entanto, Saussure afasta esse ponto de vista, uma vez que este só pode referir-se a um desses "princípios gerais existentes independentemente dos fatos concretos". Ora, a perspectiva do *Curso* é "reconhecer o que faz parte da língua e o que não faz", ou seja, "os fatos particulares" (135) que o ponto de vista pancrônico não pode alcançar. Em que esse *Curso* pode então se dizer "geral"? Isso está enunciado claramente nas primeiras linhas da segunda parte, intitulada "Linguística sincrônica":

> O objeto da linguística sincrônica geral é estabelecer os princípios fundamentais de todo sistema idiossincrônico, os fatores constitutivos de todo estado de língua [...] É à sincronia que pertence tudo o que chamamos de "gramática geral". (141)

As aspas aqui previnem o espanto dos leitores face a essa terminologia banida pelo comparatismo e, ao mesmo tempo, tudo que podia lembrar a abordagem *a priori* das gramáticas filosóficas dos séculos anteriores, gramáticas que se diziam precisamente "gerais". É um dos raros lugares do *Curso* em que o caráter abstrato da abordagem é explicitamente reconhecido:

> No que se segue, só temos em mente certos princípios essenciais, sem os quais não se poderia abordar os princípios mais especiais da estática (*linguística estática sendo um outro nome para a linguística sincrônica*) nem explicar em detalhe o estado de uma língua. (141)

Em um mesmo movimento fica reconhecida a necessidade da passagem pela abstração, o que Chomsky chamará de "idealização dos dados":

> Em suma, a noção de estado de língua só pode ser aproximativa. Em linguística estática, como na maioria das ciências, nenhuma demonstração é possível sem uma simplificação convencional dos dados. (143)

Saussure, que não podia recorrer ao termo moderno "epistemologia", evocava, no âmbito particular, a respeito desse livro que ele hesitava em escrever, sua "linguística filosófica". Fica bastante claro que ele a percebia, à maneira positivista, como uma espécie de terapia:

> Não há campo em que tenham germinado mais ideias absurdas, mais preconceitos, miragens, ficções. Do ponto de vista psicológico, tais erros não são negligenciáveis, mas a tarefa do linguista é, antes de tudo, denunciar e dissipar tais ideias tão completamente quanto possível. (22)

Resta que as duas outras tarefas consignadas a princípio à linguística são levadas a cabo de modo muito ligeiro e que a relação da linguagem com a diversidade das línguas (segundo a expressão de Culioli) está longe de ser solucionada no *Curso*. Isso decorre, também, por não se tratar de uma exposição única e completa, que desenvolva por inteiro um programa anunciado; o prefácio dos editores, já prevendo as críticas, lembra:

> Primeiramente, podem dizer-nos que esse "conjunto" é incompleto: o ensino do mestre nunca teve a pretensão de abordar todas as partes da linguística, nem projetar sobre todas elas uma luz igualmente viva; materialmente,

ele não o podia fazer. Sua preocupação era, aliás, completamente outra. (10)

Invocando "alguns princípios fundamentais, pessoais, que se encontram por toda parte em sua obra", os editores reconhecem que algumas disciplinas "mal são abordadas", por exemplo a "semântica" e, sobretudo, a "'linguística da fala' [...] prometida aos ouvintes do terceiro curso". Sabe-se que, em todo o final do *Curso* intitulado "Linguística diacrônica", em seguida, "Apêndices", a ordem adotada pelos editores está longe da "concepção final que teve Saussure da ordem a dar aos teoremas da linguística"; esses são os termos de Mauro (474), que lembra, em particular, que, no terceiro curso, Saussure tratava, em primeiro lugar, da diversidade das línguas.

O caráter heterogêneo e fragmentário das observações que, na terceira parte do *CLG*, concernem à história e à geografia, foi especialmente criticado aos editores, bem como o modo com que, para concluir e "fechar", de alguma maneira, esse curso inacabado, agruparam passagens de fontes diferentes sobre os "tipos linguísticos" e fabricaram uma frase final em resposta à questão inicial, que era, lembremo-lo: "Qual é o objeto, ao mesmo tempo integral e concreto, da linguística?" (23). A essa questão, deixada em suspenso, os editores respondem: "A linguística tem por único e verdadeiro objeto a língua tomada nela mesma e por ela mesma" (317). Parecem exprimir, dessa forma, "a ideia fundamental desse curso"; essa foi também a opinião geral dos leitores do *CLG* que, muito frequentemente, citaram essa frase como emblema do pensamento saussuriano. Sem ser um filólogo rigoroso, preferir-se-ia, no entanto, que eles não fossem identificados ao "mestre" a ponto de fechar seu discurso com tanta segurança, afastando a questão do que ele não tivera tempo ou desejo de tratar.

Essa nota final aforística alimentou as críticas de "falsificação" ou, ao menos, de interpretação dogmática feita aos editores Bally e Sechehaye. As questões e controvérsias levantadas desde o aparecimento do *Curso* foram retomadas e tornadas mais complexas ao longo de sua publicação, sob a luz do que foi chamado de as *Fontes* ou os *Originais*. Assim, a preocupação em compreender uma teoria difícil e avaliar seu lugar na história da linguística foi, muitas vezes, recoberta pela obsessão de autenticidade, a busca do "verdadeiro" pensamento de Saussure. Com efeito, mais do que um questionamento profundo do *CLG*, a leitura dos manuscritos, com suas hesitações, suas rasuras, suas repetições e também seus silêncios, obriga a renunciar à imagem de uma teoria acabada; mas isso seria, a bem dizer, a impressão que se poderia retirar da leitura do próprio *Curso*.

PARTE II
Questões e controvérsias

*Encontro-me diante de um dilema: ou
expor o assunto em toda sua
complexidade e confessar todas as minhas
dúvidas – o que não convém a um curso
que se pretenda matéria de avaliação –,
ou fazer algo mais simplificado, mais bem
adaptado a um auditório de estudantes
que não são linguistas. Mas, a cada passo,
encontro-me bloqueado por escrúpulos.*

(Entretien, 1911)

1
Um texto tomado na história de suas interpretações

Em tudo que foi apresentado até aqui, não há nada que ainda não seja, em algum grau, um problema. O *CLG*, e isso advém das particularidades de sua publicação, parece ser, mais do que qualquer outro texto, tomado na história de suas interpretações; história inacabável, mesmo que se acredite, por vezes, ser possível fixar uma interpretação (*a* leitura). Mistura rigorosa de proposições, de afirmações insistentes e de incertezas, e até mesmo de confusões, ele testemunha, ao mesmo tempo, a novidade de um pensamento e as dificuldades de elaborá-lo, bem como de fazê-lo ser entendido. As resistências dos contemporâneos, frequentemente contrariados em seus hábitos, testemunham isso, e as paixões, incessantes em torno desse texto, revelam-lhe os pontos sensíveis. Acreditando na hipótese de que aí se situa o mais interessante da contribuição saussuriana, irei ater-me, nesta segunda parte, ao que suscitou e, muitas vezes, continua a suscitar as reações mais fortes, quer se trate de uma crítica global do modo de pensar, quer se trate das noções mais particularmente controversas.

Eliminando toda possibilidade de resposta às críticas e objeções, a morte do "mestre" deixou, com efeito, o campo livre a seus exegetas, bem como a seus detratores. A. Alonso, o apresentador da edição em língua espanhola (Buenos

Aires, 1945), está entre aqueles que o deploram, não sem ingenuidade; ele assegura que Saussure, se tivesse tempo, não teria deixado de escrever um livro e de dar conta, em seguida, das críticas para precisar-lhe ou retificar-lhe os pontos contestáveis. Assim teria sido, conforme o modelo das trocas científicas, mas esse *Curso* quase confidencial e essa publicação, de algum modo "não autorizada", vão contra as regras correntes do jogo acadêmico. Assim, nunca há de cessar a busca do segredo desses comportamentos na esperança de se revelar a verdade de um pensamento que se escondia antes mesmo de as interpretações se apropriarem dele.

O retorno às fontes

De fato, essa pesquisa inquieta da verdade só começou a se manifestar após a publicação, por Robert Godel, em 1957, das *Fontes manuscritas*. Até então, o texto era tomado e criticado como tal – o *Curso de linguística geral*, de Saussure –, por mais que se conhecessem as condições de sua publicação póstuma. O próprio Godel operou uma escolha nas fontes de que dispunha, abreviando os cadernos de anotações sobre as questões, no seu entender, bem conhecidas, a fim de desenvolver "as páginas mais originais" e fornecer extensas citações de manuscritos pessoais de Saussure. Seu objetivo era, claramente, o de permitir "uma exegese mais segura", comprovando assim, pela confrontação dos textos, "a consciência e inteligência dos editores" (11); mas, ao inverso do tradutor espanhol, ele não relaciona o não acabamento do *Curso* à falta de tempo, pois, diz-nos ele, se Saussure, mesmo durante seus anos de magistério, não "consagrou à teoria da linguagem todo o tempo de que dispunha, é em razão de escrúpulos em parte de ordem pedagógica, mas também, por uma parte, por razões pessoais" (35).

Essas alusões discretas à "extraordinária reserva que Saussure se impôs na expressão de seu pensamento", um pensamento que as fontes revelam apenas parcialmente, abalaram de modo duradouro a imaginação dos leitores que o rigor do *Curso* tinha interessado até então, sem lhes despertar nenhuma emoção particular.

Testemunham isso, de forma surpreendente, as apresentações que dele fez, com trinta anos de intervalo, o linguista francês R. L. Wagner. Falando de Saussure em 1947, em uma *Introdução à linguística francesa* destinada aos estudantes (e, em termos muito próximos, em 1948, em um artigo de *Temps Modernes*), Wagner insiste sobre "o rigor sistemático dos raciocínios, a severidade do tom e a ausência de todo floreado na apresentação das ideias", não sem sugerir que os editores exageraram certos traços e ele reavalia com serenidade a importância do que lhe parece ser uma revolução antipositivista inacabada.

O tom completamente diferente de seu artigo de 1979 está presente já no título "Os embaraços do mestre de Genebra", que faz alusão ao perturbador romance de Musil, *O embaraço do jovem Törless* [traduzido no Brasil como *O jovem Törless*]. Apoiando-se em Godel (mas não na edição crítica de Engler, que parece desconhecer), ele evoca "um ser dividido" e denuncia "o contrassenso que o *CLG* convida, inevitavelmente, a cometer, sobre o espírito e a personalidade do mestre de Genebra"; pois as fontes ilustram bem "um cientista pleno de clarividência [...] mas, por outro lado, presa de dúvidas constantes" (17). Ao mesmo tempo que reconhece nos editores o mérito de divulgar "as anotações com que Saussure nem mesmo fizera um artigo", R. L. Wagner certifica que eles "imobilizaram em um bloco monolítico um pensamento essencialmente furtivo, torturado por escrúpulos e por dúvidas". Ele chega a lamentar que não tenham publicado diretamente as diversas anotações com suas variantes, e incita a abandonar "o falso belo discurso do *CLG*" pela leitura de Godel, cujo duplo interesse é o de "desencorajar os espíritos superficiais e os 'esnobes' da linguística" e de revelar a verdadeira pesquisa levada adiante a despeito das "falhas constitutivas" de que, diz-se, Saussure sofria há tanto tempo.

Vê-se que a figura do cientista, isolado de seu tempo, atormentado em sua alma de pesquisador e perturbado em sua vida pessoal, transmite um poder de fascinação à própria teoria. Wagner chega a evocar, diante desse programa de "revolução radical da terminologia", a imagem de um "contestador resoluto e completo [...] Há um pouco de Nietzsche nele!". Menos enfático, Emile Benveniste, em 1965, ao se interrogar sobre o "mistério" dessa vida "tão recolhida no silêncio", fala de "circunstâncias pessoais" que permaneceram escondidas e do "drama do pensamento" que, distanciando-se de seus contemporâneos, levou-o, na elaboração de sua própria teoria, a "rejeitar tudo o que fora ensinado até então a respeito da linguagem" (1966, 37).

Os pressupostos da leitura

O aparecimento das *Fontes manuscritas*, amplamente completadas pela edição crítica de Rudolf Engler (1968-1974) e desenvolvida até hoje pelos múltiplos trabalhos filológicos, introduziu uma ruptura nos estudos saussurianos, dividindo-os em dois tipos de publicações: de um lado, os comentários sobre o *CLG*, em particular as resenhas nas revistas de linguística que sucederam a publicação de 1916 e produziram, classicamente, as apresentações críticas da teoria exposta no *Curso*. Esses comentários se desenvolveram e multiplicaram no entusiasmo dos anos estruturalistas; seu objetivo explícito era a análise conceitual de um texto teórico considerado quase unanimemente como "fundador" da linguística moderna e, sem questionar o texto de 1916, buscam nas fontes, após a publicação de Godel, apenas os complementos de informação; as pesquisas filológicas, por outro lado, completadas pela publicação dos inéditos acerca de assuntos outros que a linguística geral (em particular sobre as lendas germânicas e sobre a poesia latina), têm como objetivo encontrar o pensamento autêntico e completo de Saussure; o *Curso*, qualificado como "apócrifo" por Jakobson, é então reduzido ao estatuto duvidoso de vulgata, ou seja, de contrafação. Os comentários críticos dirigem-se ao pensamento de certo modo redescoberto do "verdadeiro" Saussure.

Foi entre essas duas abordagens que as querelas de legitimidade puderam nascer, e os analistas do *CLG* não toleravam ver invalidar-se globalmente sua pesquisa, na medida em que se referia a um texto deformado, "um palimpsesto constituído por textos rascunhados" (!), travestido pelas iniciativas – "catastróficas", "desastrosas" – dos editores, segundo os termos excessivos de Simon Bouquet. Sem me alongar nessa contenda, limitada aliás, destacarei entre os dois tipos de trabalhos uma diferença que parece mais interessante do ponto de vista histórico: os primeiros, ao contrário dos filólogos, situam-se numa perspectiva epistemológica; seria aquela dos contemporâneos de Saussure presos ao positivismo. Seria aquela do estruturalismo. A palavra de ordem era *a Ciência* e os critérios de cientificidade. Saussure apareceu como aquele que introduziu, enfim, sua possibilidade na linguística, até então muito pouco rigorosa e que não havia ainda encontrado seu "verdadeiro objeto", segundo a expressão saussuriana que parece saída do *Curso de filosofia positiva*, de Comte. É ela ainda que, muitas vezes, motiva as análises atuais do *CLG*, referindo-se ou não às *Fontes*: esclarecimento do aparelho teórico, reflexões sobre sua novidade e seus efeitos na história da linguística. A distância entre esses dois tipos de trabalho remete a duas ordens diferentes de preocupações: de um lado, nota-se a paixão pelo que seria o pensamento autêntico, interessante por si só, da mesma maneira que o de um filósofo, de alguma forma fora da história; por outro lado, considera-se que os efeitos históricos do *CLG* foram tais que deram a esse texto um peso de algum modo independente de sua autenticidade. Foi o texto do *CLG*, associado abusivamente ou não ao nome de Saussure, que desempenhou, na história das ciências da linguagem, um papel maior, de que se tenta avaliar a importância epistemológica na linguística e no conjunto das ciências humanas.

Para os que fazem questão do *CLG*, uma outra diferença aparece que pode ser formulada assim: o *CLG* seria um texto *fundamental* ou um texto *fundador*? "Fundamental", todos o admitem, mas na continuidade da gramática comparada; é assim que o consideram os contemporâneos, que não o separavam do trabalho comparatista do *Trabalho sobre o sistema primitivo* de 1878; é assim que o julgava, em 1978, J. C. Milner, garantindo que o *Curso* forneceu a epistemologia de que a gramática comparada necessitava. Mas outros lhe atribuíram uma novidade mais radical e, ao retomarem o termo bachelardiano, promovido por Althusser nos anos 1960, viram no *CLG* uma "ruptura" (ou "corte") epistemológico, consagrando-o, assim, como texto "fundador" de uma ciência nova. Essa caracterização virou um lugar-comum na apresentação da linguística moderna, e justificou em demasia que se ignorasse tudo o que foi feito anteriormente; Saussure servia apenas para "preparar" Chomsky, encarregado de desenvolver a formalização, cujos princípios foram propostos pelo *CLG*. Sabe-se que os adversários da linguística "formal" rejeitam uma e outra posição.

Ao contrário, seria o caso então de discutir a noção de corte e de buscar com o que, como e justamente onde

Saussure rompera. Esse retorno ao século XIX obrigava a uma reflexão sobre o positivismo que esclarecia a originalidade de Saussure e dava um sentido a essa observação sibilina de Benveniste: "Saussure não é um começo, ou é um outro tipo de começo" (1974, 31).

O trabalho epistemológico saussuriano, ultrapassando seu objetivo explícito (retificar a terminologia), parece então dar base a uma via completamente filosófica da linguagem. Pesquisas filológicas e epistemológicas se encontram aqui: o *corpus* saussuriano, estendido aos inéditos não diretamente linguísticos, revela interrogações radicais sobre a unidade ou a identidade linguística e, de modo mais amplo, sobre o signo, pois Saussure afirma:

> Todas as incongruências do pensamento provêm de uma reflexão insuficiente sobre o que é a identidade ou os caracteres da identidade, quando se trata de um ser inexistente como a palavra, ou a pessoa mítica, ou uma letra do alfabeto que não passam de diferentes formas do SIGNO no sentido filosófico (mal percebido, de fato, pela própria filosofia). (*SM*, 136)

Quer se interprete tais indicações como os traços de uma "filosofia alada", segundo os termos de H. Parret (1995), ou como uma verdadeira reflexão metafísica, "um desdobramento conceitual [...] candidato a tomar lugar em uma teoria do espírito" (Bouquet, 1998), o fato é que a redação dos editores não permitia destacar claramente esse plano de fundo (ou esse projeto) filosófico de que ela dava apenas os elementos dispersos. Mas seria essa ampliação especulativa compatível com a etiqueta positivista que colei aqui ao projeto saussuriano?

Um positivismo ultrapassado

Primeiramente, o gesto positivista – além de, evidentemente, aproximar a linguística da ciência –, desde a introdução, é a interrogação sobre os termos da definição clássica (o estudo científico das línguas e das linguagens) e a exigência de fixar-lhe o conteúdo demarcando-a: "definir a linguística de fora, estabelecendo o que ela não é"; dito de outro modo, distinguindo-a claramente das ciências vizinhas. Essa injunção de delimitar operando uma separação por vezes difícil, mas julgada absolutamente necessária, entre um *exterior* vizinho e um *interior* a especificar, situa o *objeto* da linguística nos limites que deveriam impedir qualquer confusão com ciências como a psicologia ou a sociologia, bem como com a fonética (Saussure diz a "fisiologia"). A insistência nas metáforas é clara. Trata-se de colocar uma "correia", de traçar as fronteiras, de delimitar um domínio. As distinções que seguem – as famosas "dualidades" saussurianas, frequentemente apresentadas como definitivas "dicotomias" – são deduzidas desse ponto de partida e oferecem um conteúdo a esse interior:

> Algumas verdades aqui se encontram [...], não falemos nem de axiomas, nem de princípios, nem de teses. São simplesmente delimitações no puro sentido etimológico dos aforismos. – [ ] limites entre os quais se encontra constantemente a verdade, de onde quer que se parta. (*E. II*, 42)[1]

---

1. As referências às *Fontes* serão simplificadas do seguinte modo: Edição de Engler = *E. I*, quando nos referirmos ao curso, e *E. II*, quando nos referirmos às anotações autógrafas; *SM* remete à edição de Godel. Em cada caso, a citação é seguida do número da página no volume, sem precisar o número do extrato; conservei do aparato crítico de Engler apenas a menção das lacunas, indicando-as como [ ]. Por outro lado, é

Se para muitos de seus contemporâneos, e, em seguida, para os estruturalistas, essa abordagem foi considerada a condição de possibilidade de uma ciência, alguns reprovaram muito, em Saussure, esse imperativo (positivista) de limites; os dois *topoï* se desenvolvem desde o início nos comentários:

> Saussure tem o mérito [...] de estabelecer uma série de distinções, mostrando os diversos pontos de vista a partir dos quais se podem considerar os fenômenos da linguagem. Elevou assim a linguística à dignidade de uma verdadeira ciência, indicando-lhe os métodos, os limites, as subdivisões.

A essa aprovação completamente positivista do psicólogo Claparède opõe-se, no mesmo ano de 1917, o protesto lírico do linguista S. Schuchardt, invocando os direitos do concreto contra a abstração que divide:

> Saussure lança uma rede de malha fina na torrente impetuosa; na presença dessa última, não consigo vislumbrar claramente essa rede; o que une provoca sempre em mim uma impressão mais forte do que aquilo que separa.

A acusação de reducionismo será retomada após a reformulação logicista do *CLG* por Hjelmslev e suscitará a metáfora da "clausura" pela qual são resumidos, ainda hoje e frequentemente, os defeitos congênitos do estruturalismo. Essas limitações, insuportáveis aos sociolinguistas e à pragmática, são as mesmas que permitiram à linguística construir-se a partir do princípio de *pertinência*,

---

necessário lembrar que as formulações dos cadernos variam de modo mais ou menos importante; escolhi, em geral, os extratos do caderno de Constantin, o mais completo e, aliás, desconhecido na época pelos editores do *CLG*.

que define os critérios de escolha na diversidade concreta dos dados e permite elaborar, contra todo empirismo ingênuo, uma teoria dos observáveis.

Quanto a isso, pode surpreender a crítica que Chomsky dirigiu a Saussure, na esteira da reprovação aos linguistas behavioristas americanos, acusando-o, como a eles, de recusar a abstração ("a idealização dos dados"). Foi, porém, a abstração o ponto mais criticado no *CLG*, sendo chamado de "saussurismo", desde Schuchardt, que a reprovava por "violentar as coisas", até C. Kerbrat-Orecchioni, que se insurgia contra a "prisão do imanentismo". É difícil haver um acordo sobre o que seja o *concreto* (diz-se, com frequência, o *real*) que um recorte científico deseja apreender; vê-se então Saussure debater-se, sem cessar, com esses termos. Quando, ao se interrogar sobre tudo o que pode ser chamado de "real" em linguística, ele afirma que "é aquilo de que os sujeitos falantes têm algum grau de consciência", pode-se supor que tal critério de objetividade era, e ainda é para muitos, dificilmente aceitável. É o "positivismo tímido" – compartilhado com seus contemporâneos –, segundo a expressão de Sechehaye, que se encontra aqui ultrapassado graças à ousadia das hipóteses.

Partindo de um projeto de reformulação terminológica, devendo permitir enfim "classificar" corretamente os dados, Saussure encontra, de fato, para a definição dos menores termos, dificuldades que dizem respeito ao conjunto da teoria. Se essa teoria, como ele afirma, precisa ser um "sistema tão cerrado quanto o da língua", compreende-se que os termos não possam ser definidos isoladamente como etiquetas separadas para as diferentes rubricas: língua remete a sistema sincrônico que supõe uma concepção do tempo inseparável do princípio de arbitrariedade do signo; tudo se interliga. Sabe-se que Saussurre teria desejado fazer disso uma demonstração inteiramente formal:

Não há expressão simples para as coisas a serem distinguidas primariamente em linguística; não pode haver nada disso. A expressão simples será algébrica ou não será. (*E. II*, 29)

Mas o objeto-língua, como vimos, ultrapassa definições e classificação, uma vez que se trata de um sistema aberto que só existe pela atividade incessante dos sujeitos falantes, inconscientes (até que ponto?) do que acionam. Lembremos as conclusões ousadas do capítulo sobre a analogia:

Ela supõe a consciência e a compreensão de uma relação que liga as formas entre si [...] as formas mantêm-se porque são refeitas sem cessar analogicamente. [...] A ação da língua é dificultada por uma infinidade de hesitações, de aproximações, de semianálises. Em nenhum momento, um idioma possui um sistema perfeitamente fixo de unidades. (236)

As pesquisas desenvolvidas paralelamente sobre os personagens das lendas, assimilados, quanto ao princípio, aos signos da língua, confirmam as propriedades desse objeto "sem análogo" entre os objetos do mundo:

Todo símbolo, uma vez posto em circulação – ora, nenhum símbolo existe se não for lançado em circulação –, torna-se no mesmo instante absolutamente incapaz de dizer em que há de se constituir sua identidade no instante seguinte. (*apud* Bouquet, 182)

É a mesma propriedade de mudança constante e imprevisível que escapa à consciência, bem como à vontade dos locutores, que o *Curso* resume em uma justaposição paradoxal sob o título "Imutabilidade e mutabilidade do signo", para concluir: "em última análise, os dois fatos são solidários: o signo está em condições de se alterar porque se continua" (109).

Sobre todos esses problemas, as fontes, anotações de cursos ou manuscritos pessoais alternam ou combinam segurança e hesitação em concluir, como testemunham as rasuras, os espaços em branco, as frases inacabadas. Assim, dentre tantos outros exemplos, este enunciado desconcertante:

> Item: Existe defeito de analogia entre a língua e qualquer outra coisa humana por duas razões: (1º) A nulidade interna dos signos; (2º) A faculdade de nossa mente em se fixar em um termo nulo em si. (Mas isso não era o que gostaria de dizer primeiramente. Desviei-me.) *(E. II*, 38)

Então, Saussure seria um positivista? Sim, sem nenhuma dúvida quando se trata "de ensinar aos linguistas o que eles fazem", para que cessem de misturar épocas ou de recorrer a metáforas ridículas, bem como para que definam com clareza seu objeto. Mas, quando esse objeto se furta, quando o fato linguístico depende do ponto de vista adotado para defini-lo, quando se é obrigado a admitir que a mudança é o princípio de existência de qualquer língua natural, haveria uma unificação possível dos discursos e até mesmo uma ciência possível da língua?

> A ideia de que as coisas da língua devem poder se expor por uma via una e contínua é a mesma ideia falsa que faz supor que a língua em si é uma coisa una. Nós negamos que a língua seja uma coisa una [...]. (*E. II*, 28)

Digamos que seja um positivismo ultrapassado, que irrita com suas exigências tanto quanto interroga com suas questões sempre em aberto; a abundância dos debates é testemunha disso. Retomaremos alguns desses debates apoiando-nos nas diferentes fontes, e não mais, como na primeira parte, somente no texto do *CLG*.

2

Língua/fala: uma distinção
"que permanece confusa"

É a conclusão (retomada por Bouquet) da apresentação de Godel; ela resume as perplexidades que não cessaram de ser suscitadas por essa "bifurcação" proposta de modo peremptório no *Curso*: "É necessário escolher entre duas vias impossíveis de serem tomadas ao mesmo tempo" (38). Muitos contemporâneos rejeitaram essa oposição ou buscaram atenuar-lhe a divisão, julgando-a abstrata e incompatível com as observações da realidade; hoje, após os trabalhos estruturalistas, aos quais ela serviu de fundamento, a maioria dos linguistas a rejeita, e alguns buscam minimizar-lhe a importância no próprio Saussure, ao interrogar o anúncio, que ficou sem continuidade, de uma possível linguística da fala.

A "clausura"

A primeira reação, empirista (a língua separada da fala não teria realidade), multiplicou-se: os críticos atuais opõem, a essa concepção de uma língua como um ideal, a diversidade das realizações e a dinâmica da atividade da fala; eles concordam, sempre e de modo global, em rejeitar a generalidade do conceito: por que e como separar duas "realidades" que só existem uma para a outra? A língua, isolada da fala, é apenas uma ficção... Sabe-se que, na mesma época, a generalidade do *fato social*, adiantada por Durkheim, irritava, igualmente, aqueles que, como G. Tarde, eram fascinados pela diversidade, pela heterogeneidade, pela singularidade individual. Essa reação, ainda que implique um positivismo míope, uma visão bergsoniana sobre a linguagem ou uma vontade de focar com prioridade o jogo da fala em suas interações sociais, pode encontrar um aval nos julgamentos de Volochinov sobre o idealismo saussuriano e seu "objetivismo abstrato", esquecido da realidade social. A interpretação estruturalista, favorecida pela ignorância das *Fontes* e pela inspiração logicista, agravou as coisas e suscita hoje uma rejeição maciça tanto à teoria saussuriana quanto ao estruturalismo.

Resumamos os argumentos principais da acusação, aceitos hoje de forma quase unânime, contra a língua-sistema distinta da fala: sabe-se que, na apresentação corrente do saussurianismo (o que poderíamos chamar de a vulgata da vulgata), o termo *sistema* foi logo substituído por *estrutura*, que não é, no entanto, seu equivalente estrito, seja dando nome às conotações da língua corrente (alicerce, esqueleto...), seja remetendo precisamente à metalinguagem do formalismo. Supondo, nesse caso, a combinatória de um conjunto finito de elementos, que funcionam de maneira isolada e independente, o termo *estrutura* induziu, rapidamente, à imagem de um repertório fixo de unidades que bastaria classificar; o emprego frequente em Saussure do termo *estático* no lugar de *sincrônico* consagrou o dogma de um sistema fechado e imobilizado. Além disso, caracterizar a língua como *instituição social*, opondo-se por suas convenções e regras à fala, suposta emanação livre do indivíduo, parece fazer dela um instrumento ficticiamente homogêneo, descartando de forma equivocada a diversidade; denuncia-se, pois, essa abstração (formal) acusando-a de ignorar a "vida" da língua, tanto em sua história quanto no funcionamento cotidiano da troca.

A *abstração*

Saussure tinha total consciência dos problemas quando afirmava que essa distinção era "a primeira verdade", bem como ao tentar justificar a generalidade do conceito:

> Como justificar a língua, essa palavra no singular? Nós a compreendemos como uma generalização, o que se considera verdadeiro para toda língua determinada, sem precisar uma específica. (*E. I*, 515)

Como falta explicitar o que se compreende como "verdadeiro" em uma língua, recai-se sobre a questão do "real", o que Saussure tenta fazer com a imagem comparativa de uma sinfonia, "realidade existente sem suas execuções"; ou ainda esta metáfora incongruente (suprimida pelos editores): "a língua é uma espécie de secreção distinta da função de fala necessária para extrair tal secreção" (*E. I*, 52).

As hesitações, visíveis nas *Fontes*, contribuíram para introduzir a confusão mesmo entre os defensores mais convictos de uma linguística da língua; veja-se esta passagem do terceiro curso (suprimida no *CLG*):

> E o linguista encontra-se na impossibilidade de estudar qualquer outra coisa, no começo, que não seja a diversidade das línguas [...] ele poderá extrair os traços gerais, e levará em conta tudo o que parece essencial e universal para deixar de lado o particular e o acidental. Terá diante de si um conjunto de abstrações que será a língua. [...] Falta ocupar-se do indivíduo, pois é evidente que é pelo concurso de todos os indivíduos que se criam

os fenômenos gerais. Em consequência, é necessário lançar um olhar sobre o jogo da linguagem em um indivíduo. Essa execução do jogo social pelo indivíduo não se enquadra no objeto que definimos. (*E. I*, 65-66)

No entanto, o "mecanismo individual" não pode deixar de repercutir sobre "o produto geral", mas é necessário não misturar os dois "no estudo"; isso deixa a incerteza quanto ao estatuto e ao momento de uma linguística da fala que seja inteiramente diferente e, no entanto, ao que parece, possível. Desde então, as críticas veem nessa oposição a disjunção abusiva de duas realidades inseparáveis; o *Curso*, no entanto, insiste tanto em sua ligação quanto em sua diferença de natureza:

> Concluamos: se é verdadeiro que os dois objetos, a língua e a fala, são supostos um no outro, em compensação, são tão pouco semelhantes em natureza que exigem, necessariamente, cada um sua teoria separada. (*E. I*, 56)

Poder-se-ia, pelo menos, entrar em acordo acerca desta afirmação: "A língua é necessária para que a fala seja inteligível" (*CLG*, 38), o que me permite interpretar, sobre o modelo de uma hipótese célebre: a língua é o conceito que subsume a diversidade dos atos de fala, como o inconsciente é a hipótese que permite a Freud recolher fenômenos tão diversos quanto os lapsos, os sonhos, o esquecimento de nomes próprios, os sintomas histéricos. É bem sabido que, à primeira leitura, tal abstração depara-se e parece bem distante da experiência comum, aparentemente sensível à diversidade. Essa interpretação, aliás, enfatiza uma abstração que é mais clara no *CLG* do que nas anotações, que não tratam do "inteligível", bem como não figura nelas literalmente a expressão "sistema gramatical existente virtualmente em cada cérebro", sobre a qual eu me apoio para apresentar o conceito de língua.[1]

De qualquer modo, renunciar à demarcação língua/ fala e àquela que lhe está ligada, língua/linguagem, seria renunciar ao princípio de pertinência que permitiu o começo da linguística moderna. Ela está na base da fonologia praguense que, aliás – primeira interpretação redutora –, leva a complexidade da língua saussuriana à concepção simples de um instrumento de comunicação, um código, segundo Jakobson. Essa oposição tampouco desagrada Chomsky, que, quando se dirige a um público supostamente avisado, esquece a reprovação de empirismo trivial dirigida a Saussure e vê na língua separada da fala uma primeira apreensão do que ele chama de *competência* oposta a *desempenho*. Sabe-se que essa oposição chomskyana suscita as mesmas críticas de formalismo que aquelas de Saussure. No entanto, malgrado sua perspectiva formal, a gramática em Saussure não pode ser assimilada a um algoritmo e isso não se deve apenas, como Chomsky lhe concede generosamente, porque não dispõe dos instrumentos lógicos indispensáveis: a "vida semiológica" de que Saussure busca compreender as motivações não parece redutível a uma abordagem de tipo binário.

O *sujeito da fala*

É que o problema da fala complica-se com o problema do *sujeito* da fala, o chamado "sujeito falante", cuja atividade se é obrigado a supor na escolha das unidades (*in absentia*) e em sua combinação (*in presentia*), atividade

---

1. Diz-se somente, levando-se em conta as anotações mais explícitas: "A língua é um produto social; pode-se representar esse produto e ter-se-á diante de si a língua tomando o que está virtualmente no cérebro: toda uma gramática, etc.".

incessante de aplicação de regras, é verdade, mas sobre um material móvel e deformável, quer se trate de encontrar ou fabricar as palavras, quer de construir frases; pois "a língua emprega seu tempo a interpretar e a decompor o que se encontra nela dessa herança de gerações precedentes, eis sua missão". E quais poderiam ser os agentes dessa atividade senão os sujeitos falantes?

> Como sempre, é pelas criações analógicas que teremos a prova de que tal ou qual unidade era realmente sentida pelo sujeito falante. (*E. I*, 386-89)

O papel desse "sentimento" é também o que confunde a distinção língua/fala:

> Mas há sempre esse elemento individual que é a combinação deixada à escolha de cada um para expressar seu pensamento em uma frase. Essa combinação encontra-se na fala, não na língua, pois se trata de uma execução [...] A delimitação é difícil de ser feita. É necessário se confessar que aqui, no domínio da sintaxe, fato social e fato individual, execução e associação fixa misturam-se um pouco [...] (*E. I*, 285-86)

De fato, é necessário distinguir, na crítica repetitivamente dirigida à clausura do sistema e ao afastamento dos sujeitos falantes, duas maneiras bem diferentes de se interessar pela variação: segundo se considere, por um lado, a variação dos empregos na língua associada à complexidade da ligação entre léxico e sintaxe, que multiplica as significações de uma palavra conforme as construções em que ela está presente[2]; por outro lado, a variação das

---

2. Ver a diferença de emprego entre *ainda*, nos enunciados *Você ainda é bela* e *Ainda bem!*

significações associada às situações de enunciação e aos efeitos intersubjetivos que a fala produz, tudo o que deixa incompleta, por exemplo, a interpretação de uma ordem, de um aviso, de uma pergunta, enquanto não se identificarem as circunstâncias e os interlocutores.[3] A primeira crítica opera hoje sobre uma descrição da complexidade dos empregos na língua: recusando separar a análise das formas e as variações do sentido, ela não se opõe, a meu ver, às oposições saussurianas; no segundo caso, a ampliação do campo linguístico, introduzida separadamente por Benveniste (com sua oposição semiótica/semântica) e pela filosofia da linguagem anglo-saxônica, desenvolveu-se como uma nebulosa em que se misturam, sob denominações variáveis (semântica, pragmática, análise da enunciação, análise do discurso...), trabalhos muito diversos que rejeitam, ou dizem ultrapassar, as limitações saussurianas. O novo nome de "ciências da linguagem" confirmou essa dispersão da linguística e essa abertura à intersubjetividade da comunicação. O que estaria realmente em jogo quanto à relação dessas críticas ao texto saussuriano?

A questão da diversidade

Saussure havia afastado o "sujeito", como tanto se insistiu em dizer, ou, pelo menos, o *indivíduo*, que, marcado pelos traços da consciência, da liberdade, da singularidade, ficava reservado, ou abandonado, ao domínio da fala. Essa oposição, no entanto, não resolvia inteiramente a questão, como vimos, e o indivíduo está sempre presente: ao mesmo tempo passivo (a língua lhe é imposta, "depositada" em seu cérebro) e ativo (ele interpreta

---

3. Para interpretar, por exemplo, tal inscrição que permaneceu por muito tempo em uma parede da Universidade de Nanterre: *Hoje AG às 14h.*

as formas, recriando-as a cada emprego). Essa combinação de inconsciência e de grau de consciência, de regras e de liberdade, introduz a perturbação na concepção clássica do sujeito filosófico; mas o sujeito invocado nas análises que se dizem pertencer à enunciação ou, mais amplamente, à interação é de outra ordem, por mais que seu estatuto não seja absolutamente claro, por mais que seja remetido à psicologia social, à fenomenologia ou à psicanálise. É provável que Saussure teria incluído na *explication de textes* (o que ele próprio chamava de uma hermenêutica) as preocupações atuais sobre a intersubjetividade na troca linguageira. As críticas dirigidas à oposição língua/fala não distinguem as duas esferas: a da sintaxe, com o papel ativo de um sujeito que escolhe, combina suas frases, sujeito que Saussure visivelmente não ignorou, e a da interlocução, que chamamos globalmente de "discurso", no qual as frases só tomam *todo o seu sentido* na relação com o contexto global e com as circunstâncias de sua enunciação, programa tardio, mais impreciso e mais ambicioso, que seu positivismo teria rejeitado.

Para aqueles que continuam a se ater ao estudo da língua ou lhe concedem o primeiro lugar, resta saber que a definição saussuriana de *linguagem*, seja pela equação "a língua mais a fala", seja pela expressão "faculdade de linguagem", não soluciona a questão colocada pela linguística geral: a relação entre a linguagem e a diversidade das línguas. O estudo das *Fontes* recoloca-a na ordem do dia ao revelar que a exposição sobre a diversidade das línguas ocupava uma longuíssima primeira parte do terceiro curso, que os editores reduziram consideravelmente e deslocaram para o fim. Enfatiza-se hoje que Saussure nela insistia longamente:

Essa diversidade geográfica é o primeiro fato que se impõe seja ao linguista seja a qualquer um; ela é imediatamente dada, de modo diferente da variação no tempo, que escapa forçosamente, de início, à observação. (*E. I*, 436)

Essa diversidade no espaço, que ele dizia depender da diversidade produzida pela transmissão no tempo, parece-lhe, de fato, essencial, pois ela é o ponto de partida de toda a linguística:

> Só houve linguística a partir do momento em que a atenção voltou-se sobre essa diversidade, o que deu lugar, cada vez mais, para a comparação e, de progresso em progresso, à ideia geral de uma linguística. (*E. I*, 437)

Mas, ao lado do "fracionamento indefinido" das línguas em dialetos, essa "diversidade no parentesco" que a gramática comparada pôs em evidência, Saussure sublinha que falta considerar "a diversidade fora de qualquer parentesco reconhecível"; face a esse segundo tipo de diversidade, a linguística tem um novo papel a desempenhar: "é o trabalho de comparação desse *organismo gramatical* (comparação de diferentes contratos possíveis entre pensamento e língua)". Assim, anuncia que essa primeira parte sobre "as línguas" deve ser seguida por um desenvolvimento sobre "a língua", desembocando em uma perspectiva de linguística geral:

> É possível que línguas sem o menor parentesco realizem um mecanismo gramatical perfeitamente semelhante. (*E. I*, 441)

Mesmo que possa surpreender o tratamento que reservaram para esse capítulo inicial, parece-me pouco justificável argumentar contra os editores que eles tivessem minimizado (deliberadamente?) uma importante preocupação saussuriana. O assunto largamente tratado nesse capítulo (comparação e história) era, então, bem conhecido, muito mais que os desenvolvimentos inteiramente novos sobre a língua aos quais os editores deram o primeiro e o mais extenso lugar.

Seria, no entanto, sempre defensável o fato de atribuir à dualidade entre língua e fala o primeiro lugar, o da "primeira verdade"? Parece-me que hoje só uma minoria de linguistas continua a afirmar e tenta manter, contra o que lhes parece um desvio de sua disciplina, a especificidade de um estudo da língua que permaneça independente dos numerosos parâmetros que intervêm na locução.

Vejamos se essas críticas lançadas contra as outras distinções saussurianas podem ou não confirmar tal obstinação, pois a língua – objeto e instrumento de toda a pesquisa saussuriana – não se interessa somente pelo que é dito diretamente sobre ela, mas também pelo conjunto da teoria, em particular pela associação, visível no *Curso* e tornada mais evidente ainda pelo estudo dos originais, entre os termos *social* e *arbitrário* em sua relação com o *Tempo*.

3

O turbilhão dos signos

É na relação do social com o arbitrário (rapidamente aludido quando abordamos o princípio semiológico) que se encontra a novidade mais importante e a mais difícil de ser reconhecida. A interpretação sociológica de Saussure, elaborada a partir de 1916 por Meillet, e que ainda é a mais difundida, sobrevoava essa relação, insistindo apenas na natureza social da língua. Assim, Meillet retomava as ideias mais correntes no início do século XX: admitia-se, doravante, que a linguagem era uma instituição e que seu estudo se encontrava relegado a essas ciências, claramente distintas das ciências naturais, que se começava a chamar de sociais. O americano D. W. Whitney, apresentado um pouco apressadamente como "precursor" de Saussure, já havia decidido, quanto à velha querela sobre a origem da linguagem: a linguagem não é um produto da natureza, mas da história humana; é uma instituição, um conjunto de convenções sociais; os signos que representam o mundo através dessas convenções são inteiramente arbitrários. Antes mesmo da publicação do *CLG*, Meillet reformulava essa nova *doxa* nos termos de Durkheim: *a língua é um fato social*. É através dessa grade que ele lê Saussure e se encontra nele, reduzindo a arbitrariedade à convenção e negligenciando tudo o que diz respeito ao valor, em consequência à semiologia.

É certo que o termo *social* para caracterizar a língua é insistente no *Curso*: *produto social, cristalização social, liame social, parte social da linguagem, ato social* (mais raramente *fato social*), a exposição que distingue a língua da fala multiplica tais designações. Mas, aqui, a relação da língua com a sociedade é de uma natureza diferente da estabelecida tanto por Whitney quanto por Meillet. Sabe-se, aliás, que Saussure recusou-se a prestar uma homenagem oficial ao primeiro, o único, diz ele, que teve uma "posição justa" em linguística geral, mas com o qual seu "desacordo" só poderia ser completo, "e sem compreender transação alguma nem nuança", escreve Saussure em uma carta inacabada. Quanto ao programa de linguística/ciência social, exposto por Meillet em 1906, não se tem ideia da opinião de Saussure, mas isso parece bem distante do que ele próprio esperava de uma "ciência semiológica".

Enquanto Meillet, preocupado com as causas da mudança linguística, se propunha a destacar as variações correlativas entre a sociedade e a língua, Saussure, como vimos, retirava da linguística interna qualquer consideração sobre relações de causalidade entre a língua e seu exterior social. Isso não visava negar o papel da sociedade na mudança linguística; ao contrário, tratava-se de situá-la em um nível mais fundamental: a sociedade é condição de existência da língua e o movimento constitui o princípio de uma e de outra, tendo os signos uma existência apenas na e pela "massa social" que os coloca em circulação na troca entre falas; através disso se dá a transmissão da língua, que nunca é recebida senão como "herança".

A *circulação dos signos*

> Não há exemplo de imobilidade absoluta. O que é abso-
> luto é o princípio do movimento da língua no tempo.
> [...] Insistir sobre as causas que podem, por vezes, preci-
> pitar o movimento significa sacrificar o fato geral pelo
> acidente; basta que o movimento exista imperturbavel-
> mente, naturalmente, e acima de qualquer circunstância.
> (*E. I*, 318-19)

Os signos que constituem a língua são por natureza,
posto que são, ao mesmo tempo, sentido e formas materiais, atirados sem proteção ao uso social que, necessariamente, os altera, os transforma, suprimindo alguns e
produzindo outros novos. Tais mudanças, de que os locutores são os fatores inconscientes, são a prova mesma
do caráter arbitrário dos signos: é porque não dependem
em sua existência e seu destino senão da sociedade que
deles faz uso, que os signos, tomados no "turbilhão sócio-
histórico", podem – na verdade, não podem deixar de –
mudar. São indissociavelmente sociais e arbitrários, sem
encontrar garantia nem na natureza nem na razão, mas
unicamente no uso; se a respeito do casamento ou da
poligamia é possível pensar racionalmente, diz Saussure,
isso não acontece quando se trata de manter uma forma
linguística em vez de outra: fala-se assim porque falava-se
assim antes, não há outra justificação.

Essa imbricação entre arbitrário e social está bem presente no *CLG*, mas permaneceu pouco notada, ou até não
visível, pelo fato de o estruturalismo ter acentuado o caráter estático da língua. Sem dúvida, foi necessário o desvio
através dos manuscritos inéditos, em particular os cadernos
sobre as *Lendas germânicas* contemporâneos dos cursos,
para que aparecesse toda sua importância. Os personagens
das lendas, que são "símbolos", dependem, como os signos

da língua, dos fatores aleatórios da transmissão oral, são testemunhas do modo surpreendente dessa mutabilidade inevitavelmente remetida ao arbitrário:

> A lenda compõe-se de uma série de símbolos cujo sentido deve ser precisado.
>
> Tais símbolos, sem que desconfiem, são submetidos às mesmas vicissitudes e às mesmas leis que todas as outras séries de símbolos, por exemplo, os símbolos que são as palavras da língua.
>
> Fazem todos parte da semiologia.
>
> [...] a identidade de um símbolo não pode nunca ser fixada a partir do momento em que se trata de um símbolo, ou seja, versado na massa social que fixa a cada instante o seu valor. (*Leg.*, citado por Fehr, 102)

A força dessa circulação dos signos, também designada por Saussure como "vida semiológica", é tamanha que mesmo uma língua artificial, embora convencionalmente fixada fora da história, não poderia escapar à mobilidade:

> Aquele que cria uma língua artificial, a tem em mãos enquanto ela não é posta em circulação; mas, desde o instante em que ela desempenha sua missão e se torna propriedade de todo mundo, o controle escapa. O esperanto é uma tentativa desse gênero, se tivesse êxito escaparia à lei fatal? Passado o primeiro momento, a língua entraria muito provavelmente em sua "vida semiológica"; ela se transmitirá através de leis que nada têm em comum com a criação refletida, e não se poderá mais voltar atrás. (111)

O mesmo destino espera qualquer terminologia a partir do momento em que se constitui numa língua natural;

vê-se, assim que a comparação da língua com o jogo de xadrez ou com qualquer outra linguagem formal deixa escapar talvez o essencial, essa relação contingente e sempre ameaçada que constitui o signo como tal, fora de qualquer nomenclatura fixa, fora de qualquer garantia:

> Pelo fato mesmo de não haver nunca na língua nenhum rastro da correlação interna entre os signos vocais e a ideia, tais signos são abandonados a sua própria vida material de uma maneira totalmente desconhecida nos campos em que a forma exterior poderá reivindicar o mais leve grau de conexão natural com a ideia. (*E. I*, 169)

Mas é também por essa via que o sistema permanece aberto; os locutores, inocentes criadores de confusão, são aqueles que reorganizam constantemente o sistema perturbado, apropriando-se de novas diferenças formais para lhes atribuir significações que remetiam às que caíram em desuso.[1] O surpreendente é que essa reorganização consecutiva a mudanças contingentes obedece aos esquemas do sistema:

> É maravilhoso ver como, seja qual for a forma como os acontecimentos diacrônicos venham perturbar, o instinto linguístico se organiza de modo a tirar o melhor proveito [...] isso evoca o formigueiro no qual se enfia um vara e que, no instante seguinte, se reorganiza consertando suas brechas, quero dizer que a tendência ao sistema ou à ordem nunca é abandonada: mesmo que se cortem de uma língua o que constituía o melhor de sua organização, na véspera, ver-se-á, no dia seguinte, que os materiais restantes irão sofrer uma rearrumação lógica,

---

1. É por isso que, a despeito dos puristas, *quand il a eu fini il est sorti* tende a substituir, em francês contemporâneo, *quand il eut fini il sortit*.

num sentido qualquer, e que essa rearrumação será capaz de funcionar no lugar do que foi perdido. (*E. II*, 49)

Assim, destruição e construção combinam-se; o dinâmico não se opõe ao estático, desde que se leve seriamente em conta a dimensão temporal das línguas.

"A questão do Tempo"

Vejo apenas uma ínfima proporção de linguistas, ou talvez nenhuma, que esteja disposta por si própria a acreditar que a questão do Tempo cria, para a linguística, dificuldades particulares, quase uma questão central que pode levar a linguística a uma cisão em duas ciências. (*E. I*, 175)

Em suas anotações e aulas, Saussure fala longamente sobre a necessidade dessa distinção. Ela se deve ao fato de que a linguística é "uma ciência dos valores" e que não se pode estudar simultaneamente as variações dos valores no tempo (segundo o eixo das sucessividades) e sua dependência dentro do sistema (segundo o eixo das simultaneidades); sobretudo se em uma língua tais valores são bastante numerosos e complexos. Saussure compara esses dois setores distintos às "duas partes da mecânica": *estática*, forças em equilíbrio, e *dinâmica* (ou *cinemática*), forças em movimento; na dinâmica "intervém o fator T (tempo)". Segue que "a decisão primordial a ser estabelecida em linguística interna nos é *imposta*: é a divisão entre o sincrônico e o diacrônico". Se essa distinção for negligenciada, serão misturados fatos de ordem completamente diferente, segundo "um procedimento detestável", afirma ele num longo comentário dedicado ao problema da *morfologia*. O desvio através desse comentário, apesar de seu caráter técnico, permite que se entenda melhor

O turbilhão dos signos

143

o que está em jogo nessa decisão metodológica, mais perturbadora ainda que as outras para os hábitos contemporâneos. Saussure trata ali de morfologia, ou seja, da análise das unidades significativas.

O que os linguistas praticam, diz ele, ao fazer "morfologia histórica", é a comparação entre as formas antigas e as formas novas que resultam de mudanças fonéticas; assim, para retomar seu exemplo, a relação entre as formas do germânico *kalbiz/kalbizo* (oposição entre singular e plural) e as formas alemãs *kalb/kalbir*, que carregam a mesma significação. Mas essa comparação que faz a história das formas (história de *kalbizo* tornado *kalbir*, por exemplo) põe simplesmente em evidência mudanças fonéticas (queda do *-iz* no singular, de *-o* no plural); ela não esclarece a natureza e o funcionamento das novas unidades significativas (*kalb* e *kalbir*), relacionadas em seguida a essas mudanças fonéticas:

> Na época germânica signo do plural *-o*. Na época alemã (signo do plural *-ir*). Uma necessidade fonética que, acidentalmente, fez desaparecer *-iz* no singular enquanto ele se mantém no plural graças à proteção da vogal que seguia [...] É inevitável que a língua divida *kalb/ir* e tome *-ir* como signo do plural (ao passo que na origem ele não tinha nada de especificamente plural). Isso é falso historicamente e é justo tendo em vista a morfologia da época em questão. [...] o morfologista *deve* ele próprio cortar *kalb/ir*, pois se trata aí da análise da língua (e esta análise é seu único guia). E ela se comprova através de formações novas: por exemplo, *kind-er*. (E. II, 18)

"A análise da língua" é a análise do que é "real" para os locutores. Se remetermos *kalbir* ao termo desaparecido *kalbizo*, ou *kalb* a *kalbiz*, a que responde essa análise na realidade?

> (Grande princípio:) o que é real em um estado determinado da linguagem é aquilo de que os sujeitos falantes têm consciência, tudo de que têm consciência e nada além do que podem ter consciência. (*E. II*, 18-19)

Na ignorância do passado germânico, o que é real para a morfologia do alemão é a oposição *kalb/kalbir*, logo, a existência das duas unidades *kalb* e *-ir*, segundo uma segmentação que não corresponde a nada no plano da etimologia. Assim, toda a morfologia "versa sobre a diversidade e as relações de formas simultâneas", o que impõe que se distinga "linguística estática" e "linguística evolutiva".

Acreditou-se no entanto, de maneira muito simples, que o problema do tempo se encontrava resolvido quando remetido a um estudo inteiramente independente daquele dos estados; tal abstração, ao mesmo tempo em que é necessária a uma descrição rigorosa dos fatos, corre o risco, se levada em conta sozinha, de mascarar a verdadeira natureza da linguagem. O termo *estática*, remetendo ao que é definitivamente parado, contribuiu para isso; ora, "as forças diacrônicas e as forças estáticas da língua estão em permanente conflito. Seu jogo recíproco as aproxima em demasia para que a teoria possa separá-los" (*E. I*, 80) e separá-las deixa por conta esse "jogo recíproco" que proíbe o descanso para o sistema:

> Seria necessário começar pela linguística diacrônica; o sincrônico deve ser tratado em si, mas, sem a oposição perpétua com o diacrônico, não se chega a lugar nenhum. (*SM*, 29)

Essa observação de 1909 encontra uma leve resistência, discretamente presente na longa parte sobre a morfologia:

O turbilhão dos signos

145

Uma morfologia verdadeiramente científica teria como primeira tarefa separar as diferentes épocas [...] mas teríamos, com isso, apenas vislumbres muito incompletos sobre a gênese das formas. (*SM*, 41)

É uma dificuldade particular, talvez central, pensar simultaneamente a estabilidade do uso, sentida pelos locutores, a língua como instituição social, com suas significações partilhadas em comum, e o que se impõe ao linguista como um *princípio absoluto*: "o princípio do movimento da língua no tempo" (*E. I*, 319). Pode-se considerar, no entanto, "estática" a análise morfológica que permite compreender a emergência eventual de uma forma *oseur*, por exemplo, tal como Saussure apresenta nessa anotação que anuncia todo o capítulo sobre a *analogia*:

Não se diz: eu combino *-os* e *-eur*. Mas procede-se da seguinte maneira: *graveur*: *graver*, (*je grave*) = *x*: *oser* (*j'ose*). *-x* = *oseur*. (*E. II*, 18)

A gênese das formas se faz e refaz na troca cotidiana que as utiliza, altera-as, reorganiza-as, reinterpretando-as; esse movimento depende do caráter social da língua, o objeto que só existe na e pela circulação das palavras. Viu-se, a propósito da analogia e do "relativamente motivado", que é necessário supor "uma incessante atividade" do refazer das formas, do estabelecimento de novas relações pelo esquecimento das antigas, tornadas não significativas.[2] O sistema, entregue aos fatores aleatórios das mudanças fonéticas, cujo ponto de partida está sempre nos "erros" inconscientes da fala individual, subsiste

---

2. Assim, *ouvrable* se aproximou de *ouvrir* quando foi esquecido *ouvrer* (lat. *operare*: *travailler*).

apenas por esses remanejamentos operados pelos locutores: "a vida da língua é produzida por esses equívocos".

Para destacar as regras de funcionamento de determinada língua, a combinatória complexa do léxico e da gramática que produz as significações, é evidentemente necessário, empírica e logicamente, delimitar de modo arbitrário um estado; não se deve com isso deixar de levar em conta (tal foi a falha da interpretação estruturalista de Saussure) a propriedade dinâmica do sistema, que é o que leva a seu uso e explica sua evolução. Ora, os remanejamentos e reinterpretações que é necessário supor, da parte dos locutores, para compreender esses fenômenos, repousam sobre a possibilidade da segmentação de palavras ou de agrupamentos de palavras em unidades menores; essa operação essencial deve ser associada ao segundo princípio pelo qual Saussure, ao lado do *arbitrário*, define a natureza do signo linguístico: *a linearidade do significante*, princípio inseparável da consideração do tempo.

"A linha do tempo"

O tempo está no coração do sistema, é o que o *Curso* enuncia a propósito da natureza do signo, com o "segundo princípio", formulação que faz eco à termodinâmica:

> Segundo princípio: caráter linear do significante
>
> O significante, sendo de natureza auditiva, desenvolve-se no tempo, unicamente no tempo, e tem as características que o tempo lhe empresta: a) *ele representa uma extensão* e b) *essa extensão é mensurável em uma única dimensão*: é uma linha. Esse princípio é evidente, mas parece que se negligenciou enunciá-lo, sem dúvida porque foi considerado demasiado simples. (103)

Sua evidência, com efeito, fez com que fosse negligenciado, por muito tempo, em benefício do primeiro princípio, o da arbitrariedade do signo. Parecendo a questão do tempo resolvida pela distinção sincronia/diacronia, não se via ao que remeter essa afirmação, no entanto insistente, pois, diz Saussure, "sua importância é igual àquela da primeira lei. Todo mecanismo da língua depende dela". Os editores remetem, aqui, ao capítulo que concerne ao mecanismo da língua, porque nos coloca no coração do problema, sobretudo ao retomarmos uma observação não retida no *CLG*, mas presente em todos os cadernos: "se podemos recortar palavras dentro da frase, é por uma consequência desse princípio" (*E. I*, 157). Essa consequência, a possibilidade de segmentar o discurso, de perceber-lhe as unidades significativas e, então, de jogar com as relações existentes, de criar-lhe novas, é a dinâmica da língua, atividade de alteração e de reorganização que faz sua "vida semiológica". Os efeitos de mudança só são visíveis em longo prazo, na diacronia, mas o tempo é já uma dimensão da língua colocada em discurso, nas interações cotidianas da circulação social.

A atenção recente dirigida ao lugar do tempo na teoria saussuriana deve-se ao trabalho sobre os manuscritos; ela está também ligada a uma tendência global das ciências humanas de hoje: a reação contra o estruturalismo favoreceu o retorno de temas fenomenológicos, já sensíveis no continuador de Saussure que foi Benveniste. Sem tomar posição quanto aos pressupostos filosóficos desse movimento, diremos que a ênfase colocada sobre a dimensão temporal da língua permite apreender de modo novo o programa da semiologia saussuriana, em sua diferença com as semióticas clássica e estruturalista.[3]

---

3. Este capítulo deve muito ao trabalho de Johannes Fehr e a nossas longas discussões.

4

A semiologia

Quer se parta do caráter social, da arbitrariedade ou da circulação dos signos, encontra-se sempre essa mesma ligação que tenta mostrar a complexidade fugidia da língua e impede a adoção de uma ordem dedutiva na apresentação dos princípios:

> A ideia de que as coisas da língua devam poder se expor por uma via una e contínua é a mesma falsa ideia que faz supor que a língua é, em si mesma, uma coisa una. (*E. II*, 28)

Reconhecer o papel do tempo na própria natureza da língua permite, como vimos, levar em conta a dinâmica do sistema, mas isso se dá à custa de uma espécie de insegurança do pensamento; já se aceitava que "a identidade linguística" (a unidade que parece ser a mesma) depende de um "ponto de vista variável", pois não há "nenhum rudimento de fato linguístico fora do ponto de vista definido que preside as distinções" (*SM*, 43); a consideração do tempo em operação no sistema obriga agora a admitir a instabilidade de qualquer unidade, que deve seu ser somente à sua transmissão e às suas diferenças em relação às outras, elas próprias cambiantes:

O presente de uma forma está nas formas que a rodeiam a todo momento (coisas que estão fora dela) e que não dependem dela; somente sua continuidade através do tempo está nela. (*E. II*, 28)

A teoria saussuriana é uma tentativa de se pensar a significação fora do âmbito das semânticas clássicas, a partir da especificidade dessas unidades fugidias:

O ponto mais delicado na linguística é justamente o que nos força a perceber o que faz a existência de um termo qualquer, pois nenhum é dado como um tipo de entidade clara; a não ser pela ilusão que nos faculta o hábito. (*E. II*, 28)

A análise dos personagens das lendas – esses "símbolos", como os designa Saussure –, com os quais não temos a mesma familiaridade que temos com a língua, pode nos esclarecer sobre a especificidade do "indivíduo semiológico"; aqui, é necessário citar um longo fragmento dos cadernos sobre as lendas:

É verdade que, aprofundando-se nas coisas, percebe-se nesse domínio, como no domínio parente da linguística, que todas as incongruências do pensamento provêm de uma reflexão insuficiente sobre o que é identidade (ou as características da identidade), quando se trata de um ser inexistente, como a *palavra*, ou a pessoa mítica, ou uma *letra do alfabeto*, que são apenas (diferentes formas do) SIGNO, no sentido filosófico. Mal percebido, é verdade, pela própria filosofia. [...] Uma letra do alfabeto, por exemplo, [...] não possui, com toda evidência, desde o início, nenhuma outra identidade além daquela que resulta da associação

a. de determinado valor fonético

A semiologia   151

b. de determinada forma gráfica

c. pelos nomes e sobrenomes que podem lhe ser dados

d. pelo lugar (seu número) no alfabeto

Se dois ou três desses elementos mudam, já que isso se produz a cada momento e tão rapidamente que, não raro, uma mudança implica outra, não se sabe *mais literalmente e materialmente* o que está sendo ouvido ao fim de pouco tempo, ou ainda [ ]

[...] Longe de partir dessa unidade que não existe em momento algum, dever-se-ia compreender que ela é a forma que damos a um estado momentâneo de arranjo – os únicos elementos a existir [...] e esta é a lição de cada dia para quem estuda, ver que a associação – que nos é tão cara às vezes – não passa de uma bolha de sabão, ou nem mesmo uma bolha de sabão [...] (*Leg.*, citado por Fehr, 144-45)

Sem comentar a princípio a inquietude suscitada por essa unidade dramaticamente figurada como bolha de sabão, lembrar-se-á a definição que, de início, descreve a língua como arbitrária e a subtrai, por essa via, de toda abordagem clássica do sentido como representação: se o indivíduo semiológico não pode provar que "permaneceu o mesmo" é "porque ele repousa desde a base em uma associação livre":

A lei absolutamente final da linguagem é (segundo o que ousaremos dizer) que não há nada que possa residir em *um* termo (em consequência do fato de que os signos linguísticos são sem relação com o que lhes cabe designar). (*E. I*, 264)

Aqui se anuncia o que é mais difícil admitir, tanto para o senso comum como para os filósofos: não há convenção fixa nem, tampouco, relação direta com o objeto.

Então nenhuma semântica é possível? Será que, conforme se diz com frequência, Saussure só tornou a linguística "científica" ao descartar a dimensão da significação em proveito de um estudo puramente formal? Sua insistência é, no entanto, clara: não há linguística fora da significação...

Uma semântica fora da filosofia

> Todo fato estático, por oposição aos fatos diacrônicos, é acompanhado de significação. (*E. II*, 28)
>
> Dizemos que não há morfologia fora do sentido, embora a forma material seja o elemento mais fácil de ser seguido. E ainda menos, a nosso ver, haveria uma semântica fora da forma. (*E. II*, 37)

Essas notas manuscritas, dentre muitas outras sobre o mesmo tema, remetem para a afirmação contida no *Curso* e já citada aqui: "um sentido, uma função, só existem pelo suporte de alguma forma material" (61); dizendo de outro modo, forma e sentido interligados constituem o signo. Isso proíbe pensar em uma semântica fora da análise das formas, tanto quanto em uma morfossintaxe sem se levar em conta o sentido. A interpretação persistente que elimina do *Curso* a semântica não se torna mais defensável no *CLG* do que nos manuscritos; ela se explica, no entanto, pela dificuldade em pensar a língua nos termos pelos quais Saussure substitui os termos clássicos para dizer a significação: sistema de *valores*, jogo de *diferenças*, fora de qualquer relação de designação com os objetos.

Que os símbolos sejam "sem relação" com o que devem designar é, para Saussure, já vimos, "a lei" da linguagem; isso é afirmar uma radical diferença com a filosofia da linguagem, inclusive com aquela que, tomada no *linguistic turn*, parece se aproximar da linguística moderna. Para os filósofos, o que permanece como problema fundamental é a relação da linguagem com o mundo dos objetos, a questão da *referência*; desinteressar-se dela parece-lhes mais do que estranho, impensável. Como explicar que bons espíritos possam não só se afastar da questão filosófica do conhecimento, bem como negar-lhe a validade, para só levar em conta o jogo infinitamente variável, no interior de uma língua ou de uma língua para outra língua, de diferenças formais tão dificilmente formalizáveis? Como conceber uma "semiologia" tão afastada da tradição semiótica que, entre o conceito e sua materialização em signo, continua introduzindo o objeto? De antemão, a resposta de Saussure é clara se nos reportarmos ao que ele diz sobre a semiologia nos manuscritos; aqui, mais uma longa citação se faz necessária:

No capítulo semiologia

A maioria das concepções feitas, ou oferecidas, pelos filósofos da linguagem, remetem ao nosso primeiro pai, Adão, chamando para junto dele os diferentes animais e atribuindo um nome a cada um. Três coisas estão invariavelmente ausentes do dado que um filósofo acredita ser o da linguagem:

1º Primeiramente essa verdade sobre a qual nem insistiremos que o fundo da linguagem não é constituída de nomes. É um acidente quando um objeto linguístico encontra-se em correspondência com um objeto definido pelos sentidos, como um *cavalo*, o *fogo*, o *Sol*, em vez de uma ideia como ἔθηκε, "ele pousou".

[...] primeiro o objeto, depois o signo, logo (o que sempre negaremos) base exterior dada ao signo e figuração da linguagem através dessa relação:

$$objets \begin{cases} * \underline{\hspace{3cm}} a \\ * \underline{\hspace{3cm}} b \\ * \underline{\hspace{3cm}} c \end{cases} \Big\} \ nomes$$

enquanto a verdadeira figuração é a-b-c, fora de qualquer conhecimento de uma relação efetiva como *___ a fundada sobre um objeto. Se um objeto pudesse, onde quer que seja, ser o termo sobre o qual se fixa o signo, a linguística cessaria imediatamente de ser o que é, desde o cume à base; isso também ocorreria da mesma forma com o espírito humano, o que se torna evidente a partir desta discussão.

[...] 2º que, uma vez que um objeto seja designado por um nome, isso forma um todo que vai sendo transmitido sem outros fenômenos a serem previstos. [...]

Eis aí assunto suficiente para se refletir sobre o casamento de uma ideia e de um nome quando intervém esse fator imprevisto, absolutamente ignorado na combinação filosófica, O TEMPO. [...]

Dois signos, por alteração fonética, confundem-se: a ideia, em uma medida determinada (determinada pelo conjunto dos outros elementos), confundir-se-á. Um signo se diferencia pelo mesmo procedimento cego: infalivelmente um sentido será associado a essa diferença que acabou de nascer. (*E. I*, 273)

O terceiro ponto não nos será dado porque Saussure se perdeu em longas considerações nessa nota. Então, se não há nada fixo nem confiável no instrumento linguagem, se "o objeto que serve de signo não é nunca o mesmo duas vezes", como garantir a adequação à realidade? Sobre o que será fundada a verdade? A essa pergunta, Saussure responde com uma tomada de posição filosófica mais do que com uma (impossível) demonstração:

A semiologia

155

> Espanta-nos. Mas onde estaria, na verdade, a possibilidade do contrário? [...] não há nenhuma imagem vocal que corresponda mais do que outra ao que se encarrega de dizer? É absolutamente evidente, mesmo *a priori*, que não haverá nunca um único fragmento de língua que possa se fundar sobre outra coisa, como princípio último, que sobre sua não coincidência com o resto; a forma positiva sendo indiferente, até um grau do qual não temos ainda nenhuma ideia, mesmo depois de ter estudado cinco ou seis línguas em que [ ]; pois esse grau é, certamente, igual a zero. (*E. I*, 265)

Dito de outro modo, fora de seu uso e de suas variações, não há nenhuma garantia da significação dos signos. A semiologia saussuriana, bem como todo o pensamento linguístico, exibe aqui uma dificuldade que lhe é intrínseca e que contamina todo o discurso que tratar do sentido a partir da verdade; duas metáforas atestam-no em sua formulação incerta e inacabada: aquela, já evocada, da unidade como bolha de sabão, pois isso "não é nem uma bolha de sabão, a qual possui ao menos sua unidade física e matemática e não acidental e indica de [ ]" (*Leg.*, citado por Fehr, 143); e, em uma passagem das anotações, em que Saussure tenta uma outra terminologia igualmente aérea:

> Só se pode verdadeiramente dominar o signo, segui-lo como um balão no ar com a certeza de alcançá-lo, quando se leva em conta sua dupla natureza – dupla natureza que não consiste nem em um invólucro nem no espírito, no ar hidrogênio que se lhe insufla e que não valeria nada sem o invólucro. O balão é o *sema*; o envelope, o *soma*, mas isso está longe da concepção que diz que o invólucro é o *signo* e o hidrogênio a *significação*, sem que o balão seja nada por sua vez. O balão é o centro da

atenção do aeróstata da mesma forma que o signo o é para o linguista. (*E. II*, 40)

Em suma, seria essa semiologia um outro caminho sugerido aos filósofos, convidados a considerar a natureza sócio-histórica da linguagem e a reformular sua ontologia? Ou um outro caminho proposto à psicologia, na qual, diz Saussure, a linguística está compreendida de antemão, "sob a condição de que esta (a psicologia) veja, por seu lado, que ela tem na língua um objeto que se estende através do tempo, o que a obriga a sair de suas especulações a respeito do signo momentâneo e da ideia momentânea" (*E. II*, 47). Diante dessas proposições, elas próprias especulativas e filosóficas, não se deve esquecer, ao fim desse percurso ziguezagueante nas anotações manuscritas, que estas, em seu estado ao mesmo tempo lacunar e repetitivo, não representam, por parte de Saussure, nenhuma tentativa de síntese teórica!

Falta perguntar o que podem ainda fazer os linguistas hoje, munidos dos princípios do *CLG* e advertidos pelos textos "originais" sobre as dificuldades que os esperam e, mais precisamente, já que não há, segundo os termos saussurianos, nenhuma análise linguística fora do sentido, que indicações eles podem encontrar no *corpus* saussuriano para uma semântica.

5

A questão do sentido

Saussure não desenvolveu, em particular, o que deveria ser uma semântica, como fez para os estudos das formas, a morfologia; é que não é possível, em sua perspectiva, separá-las: colocar no espírito do positivismo lógico uma semântica distinta da sintaxe é pressupor que se possa estudar separadamente forma e sentido. Ele evoca apenas o setor da pesquisa histórica sobre a mudança dos sentidos das palavras para o qual Michel Bréal criou o termo *semântica*; ele aborda apenas obliquamente a questão quando fala do efeito imprevisível do tempo sobre o "casamento" entre a ideia e a palavra, figura tradicional da unidade linguística que toda sua reflexão abala. Mas, sem que uma teoria especificada como semântica dela se destaque, o sentido, como foi visto, é onipresente nos seus desenvolvimentos, pois é por essa primeira propriedade que são definidas as unidades linguísticas: elas só são reais quando significativas para os locutores.

Aqui uma observação: os termos *sentido* e *significação* alternam-se sem que se possa, tanto no *CLG* como nos manuscritos, encontrar uma diferença entre eles; Sechehaye, em uma nota, afirma que são sinônimos e Bally acrescenta que Saussure nunca definiu a significação (*E. I*, 257). A única definição é, embora de alguma forma indireta e negativa, categórica: "O valor não é a significação" (ibid.). Buscar-se-á, então, o lugar da semântica no longuíssimo desenvolvimento sobre os termos *unidade, identidade, valor*. Assinalei, na primeira parte (cap. 5), a complexidade sinuosa da demonstração ao fim da qual o conceito de valor é colocado como equivalente a *realidade, unidade* ou *identidade* linguística. Essa complexidade é mais sensível ainda nas notas e admira-se, aqui, o trabalho dos editores, que revelam, aliás, suas dificuldades: "Creio ter interpretado bem esse enigma", anota Sechehaye a propósito de um ponto obscuro entre outros.

Valor e significação

Observemos que, sobre o valor, não houve debate nem controvérsia; a tendência foi, sobretudo, negligenciar essa peça-mestra da teoria (nos passos de Meillet, que a ignora na sua resenha sobre o *CLG*) ou subestimar sua ligação com os outros conceitos. Entretanto, esse termo adotado, como assinalam todos os cadernos dos ouvintes, "com tudo aquilo que ele tem de claro e de obscuro", resume e reúne a contribuição de *arbitrário, social* e *sistema* e constitui o pivô da semiologia. Retomemos, um pouco mais explicitamente que na primeira parte, essa noção essencial.

Lembra-se que o *Curso* a introduz a partir da comparação do jogo de xadrez (257; aqui, p. 79). O cavalo, como unidade do jogo, permanece o mesmo (guarda sua identidade), qualquer que seja a matéria ocasional que lhe sirva de suporte (mármore, palito de fósforo ou feijão), sob a condição de ser-lhe dado o mesmo valor. Essa comparação tem a vantagem de resumir as propriedades do símbolo linguístico: *arbitrário* "que chama tal segmento acústico a partir de tal ideia", *social* que só se sustenta pelo "consentimento geral" (157), *elemento de um sistema* em que se define por suas relações com os outros elementos: fora do jogo, o cavalo, fragmento de matéria inerte, não tem existência semiológica. Do mesmo modo, um signo linguístico isolado, fora das relações que o constituem como elemento de uma língua, perde sua realidade de signo, ou seja, não significa mais nada.

Quais são essas relações constitutivas? Voltemos primeiramente ao esquema que combina *significante* e *significado*: designa-se geralmente essa ligação com o termo *significação*; como diz o *Curso*, "a contrapartida da imagem auditiva" (158), "e nada além", enfatizam os cadernos; mas ela não deixa de ser, enquanto relação constitutiva do signo, "a contrapartida de termos coexistentes na língua" (259). Essa dualidade de relações, no interior do signo e de signo a signo, representa o que o *Curso* chama de "verdade paradoxal", os cadernos acrescentam uma alusão a Bacon, "a caverna" contendo uma armadilha. Esse segundo tipo de relação é aquele que conhecemos, segundo a definição da língua como sistema, e é naturalmente o termo *valor* que se impõe aqui para designá-lo:

> Acabamos de ver que a língua representa um sistema em que todos os termos aparecem como interligados por relações [...] O valor de uma palavra só resultará da coexistência de diferentes termos. O valor é a contrapartida dos termos coexistentes. (*E. I*, 259)

Seria necessário considerar que, malgrado a afirmação precedente ("o valor não é a significação"), os dois termos se confundem? Trata-se, no entanto, de relações diferentes: de uma parte, da relação no interior do signo linguístico; de outra parte, de relações com os signos que "o rodeiam". Uma nota manuscrita de Saussure explicita a dificuldade:

Valor é eminentemente sinônimo, a cada instante, do termo situado em um sistema de termos similares, da mesma forma que ele é eminentemente sinônimo, a cada instante, de coisas intercambiáveis. [ ] Tomando a coisa intercambiável de um lado, de outro, os termos cossistemáticos, isso não oferece nenhum parentesco. É próprio do *valor* colocar em relação essas duas coisas. Ele as coloca em relação de uma maneira que chega a desesperar a mente pela impossibilidade de decifrar se essas duas faces do valor se diferenciam por si e em quê. (*E. I*, 259)

Nos cadernos, isso remete a esta observação mais obscura:

Quando se fala de *valor*, sente-se que isso se torna, *aqui*, sinônimo de *sentido* (*significação*), e isso indica um outro terreno de confusão (aqui, a confusão incidirá mais sobre as próprias coisas). (*E. I*, 257)

O valor, então, não é a significação, mas "é muito difícil saber como esta se distingue dele, apesar de estar sempre em sua dependência" (*CLG*, 164). É necessário dizer que os cadernos e as anotações são confusos sobre esse ponto tão decisivo; apenas uma coisa é clara: trata-se de convencer que não há "noções em si" ou, ainda, "ideias dadas de antemão"; em outras palavras, trata-se de afastar "a visão limitada que considera a língua como uma nomenclatura" (*E. I*, 258) e é necessário também deixar de considerar o esquema do significante e do significado como "primitivo" e suficiente. Eu resumiria essa diferença entre a significação e o valor pela passagem que parece ser a mais clara nos cadernos:

Em resumo: a palavra não existe nem sem um significado, nem sem um significante. Mas o significado só é o resumo do valor linguístico que supõe o jogo dos termos entre si, em cada sistema da língua. (*E. I*, 264, caderno de Constantin)

Em seu segundo emprego, *significado* parece aqui resumir *significação*. Acrescente-se aqui a interpretação final do esquema do signo pelos editores a propósito da palavra francesa *juger*:

> Em uma palavra, ela simboliza a significação; mas fica bastante claro que esse conceito não tem nada de inicial, que ele é apenas um valor determinado por suas relações com outros valores similares, e que, sem eles, a significação não existiria. (163)

Assim, o termo tradicional – *significação* ou *sentido* – é conservado, mas, de alguma forma, "prenhe" de tudo o que traz a concepção da língua como sistema pelas relações com os outros signos, pois "não existem, a bem dizer, signos, mas diferenças entre os signos" (*E. I*, 266).

O *"mecanismo" da língua*

> Qual é o mecanismo desse estado de língua? É um jogo de diferenças. (*E. I*, 264)

Impõe-se especificar, então, o jogo dessas relações e diferenças; é o que Saussurre desenvolve na descrição do mecanismo, insistindo mais do que nunca na arbitrariedade do signo:

> Não há nada que possa residir em *um* termo (por implicação direta do fato de que os símbolos linguísticos não têm relação direta com o que eles devem designar), pois *a* é impotente para designar o que quer que seja sem

recorrer a *b* (e só possui esse poder se *b* lhe confere um valor e, reciprocamente, de maneira a que só existam diferenças [...] plexos de diferenças eternamente negativas. (*E. I*, 264)

Logo, pode-se pensar todo o sistema da língua como diferenças entre sons se combinando com diferenças entre ideias. (*E. I*, 271)

É vertiginosa a impressão que fica depois de tal abstração mesmo que se possa referir ao fato de que tais combinações representam algo de positivo, "algo podendo parecer com termos positivos", dizem as anotações, o que os editores resumem:

Desde que se considere o signo em sua totalidade, encontra-se em presença de uma coisa positiva em sua ordem [...] Apesar de o significado e o significante serem, cada um tomado à parte, puramente diferenciais e negativos, sua combinação é um fato positivo; é mesmo a única espécie de fato que a língua comporta [...] (173)

Mas, o essencial, os cadernos insistem nisso, não é tomar essa combinação por um fato "dado em si", pois seria preciso, então, que "a ideia fosse determinada de antemão, e ela não o é" (*E. I*, 272). Uma descrição é, no entanto, possível, pois essas relações, essas diferenças, aliam-se a "duas esferas totalmente distintas" que Saussure materializa sob a forma de dois eixos, *associativo* e *sintagmático* (cf. o esquema no Anexo). Retomemos essa formalização (abordada muito rapidamente na primeira parte), que foi o ponto de partida de toda a análise estrutural, mas que permite também precisar a inseparabilidade da sintaxe e da semântica.

A questão do sentido 163

Sintagmas e associações: o problema da frase

Dois tipos de relações, então, ou de "grupos", porque "existem duas maneiras para uma palavra ser vizinha de outra": seja, por um lado, *contre, contraire, rencontrer...*; seja, por outro lado, *contre-marche*. O segundo tipo de relações pertence à fala e "tem como suporte a extensão"; encontramos aqui o princípio da "linearidade do significante", o que Saussure chama também de "ordem discursiva". Sobre esse eixo das sucessividades, "a palavra age em virtude de ter um começo e um fim" e as outras palavras devem ser colocadas antes ou depois (*E. I,* 279). Essas combinações constituem sintagmas; são representadas sobre o eixo *sintagmático* (horizontal) e suas relações são ditas *in presentia.* Quanto ao primeiro tipo de relações, figuradas sobre o eixo *associativo* (vertical), ele não supõe nada contrário concernente à extensão; uma série associativa agrupa palavras que têm algo em comum "na memória", *in absentia,* e tais semelhanças são diversas e indefinidas tanto no plano do significante como no do significado; assim, a série associativa em torno de *ensinamento: ensinar, ensinemos,* etc.; *instrução, aprendizagem, educação,* etc.; *armamento, rendimento,* etc.

O eixo das combinações é claramente aquele da sintaxe, mesmo que aqui surja uma dificuldade referente ao estatuto da frase: se a frase é, sem dúvida alguma, um sintagma, ela parece, graças à liberdade de combinação ("de execução") que se reconhece na escolha de cada locutor, pertencer também à fala, ou, pelo menos, questionar a fronteira entre língua e fala, tal como esta foi firmemente colocada:

> A segunda ordem de relações parece evocar fatos de fala e não fatos de língua. Mas a própria língua conhece tais

relações [...] em todo caso, até mesmo nos fatos pertencentes à língua existem sintagmas, assim como nas palavras compostas, tais como *magnanimus*, que pertence tanto à língua quanto *animus*. [...]

Os sintagmas, por mais que se constatem em combinações que não são frases, têm por tipo mais evidente as próprias frases. (*E. I*, 283-84)

"Questão difícil de se concluir", lê-se nos diversos cadernos, "há por certo algo de delicado na fronteira entre esses dois campos". Aqui, nada ficou especificado e se sabe que essa dificuldade nutriu a crítica: ao manter a oposição língua/fala, Saussure parecia afastar a sintaxe da descrição linguística. Pode-se pensar que uma parte da dificuldade se deva ao conteúdo vago do termo "escolha" que define o ato de fala e o situa no registro da liberdade; ora, essa liberdade é bastante relativa (Saussure a qualifica uma vez como uma "carta forçada"); ela não chega a permitir, na maioria dos casos, que se mude a ordem dos elementos em uma combinação, nem mesmo o lugar do prefixo *re-* em *refaire*, ou a ordem das palavras em *que dit-il?* No lugar dessa liberdade ilusória, que supõe a consciência, reconhecemos a atividade de criação e restauração de formas que vimos na operação da analogia bem como em toda atualização da gramática e reencontramos o outro tipo de relações, as associações, cujo jogo é inseparável daquele dos sintagmas:

Essas duas ordens de relações são irredutíveis e atuantes [...] Só falamos por sintagmas. Temos esses tipos de sintagmas em mente e, no momento de utilizá-los, fazemos intervir o grupo de associações [...]

O que ele nos diz?

Você

ele

Nós podemos fazer variar o elemento que desejamos. (*E. I*, 283-85)

Está claro que essa variação, que incide sobre o léxico, não pode se dar senão no âmbito dos esquemas da sintaxe. Assim, objetiva-se a tarefa do linguista:

> O que uma palavra contém em torno de si será discutido pelo linguista, ora na esfera sintagmática, ora na esfera associativa. O que existe em torno dela sintagmaticamente é o que vem antes ou depois, é o contexto, ao passo que o que existe em torno dela associativamente, isso não está em nenhum contexto, vem de sua consciência. (*E. I*, 290)

Essa fonte das associações é chamada, em uma outra passagem, de "tesouro interior que equivale ao tabuleiro da memória" (*E. I*, 281). O que fica assim representado sobre os dois eixos é a atividade do sujeito falante, escolhendo e combinando as unidades, em uma mistura de consciência e inconsciência do mecanismo que ele aciona. O linguista que se atém ao método dos dois eixos para explicar essa atividade nas realizações da fala colocará em evidência o funcionamento dos valores que fazem a língua; sintaxe e semântica são claramente inseparáveis nessa descrição.

Valor e significação

Mas essa análise permanece incompleta, como sugerem os *etc.* dos grupos de associação, essa "multidão de outras palavras que, tanto de um lado como de outro, têm algo em comum" com aquela que o sujeito falante escolheu em tal combinação particular. Essa massa associativa flutuante (uma "constelação", diz Saussure) que é preciso supor para compreender o mecanismo da língua só se deixa apreender de forma parcial; tudo aquilo que depende de um sujeito na singularidade de suas associações escapa à análise. Assim, *enseignement* inspira, para os editores, *clément*, que eles introduzem no esquema da constelação, embora não conste de nenhum dos cadernos; e por que não *durement* ou *ferment*? A cada um, suas associações pessoais...

Essas associações contingentes e particulares, advindas ou não à consciência, sabe-se, desde Freud – que as denomina "livres" –, pesam em todo ato de fala e em toda interpretação; penso não ser infiel à perspectiva saussuriana ao propor que elas representam a parte da *significação* (de sentido) que em qualquer enunciado escapa à análise dos *valores*, sem, no entanto, ser estrangeira à língua. O linguista, ao descrever o funcionamento dos valores, não esgota tudo o que a língua porta em matéria de sentido para os locutores; tentar explicitar esse resto depende de outras práticas além da análise linguística, e pode-se supor que Saussure tivesse consciência disso; é, pelo menos, o que leva a pensar sua tentativa de análise da poesia latina, experiência abandonada, mas testemunhada por numerosos cadernos conhecidos sob o nome de *Cadernos de anagramas*.

Soube-se, tardiamente (graças a uma publicação parcial desses cadernos por Starobinski), que, de uma forma completamente independente de seus cursos e reflexões sobre a linguística geral, Saussure se esmerou em demonstrar uma hipótese pessoal sobre um setor da poesia latina; ele buscava nela a aplicação de um código secreto que teria imposto aos poetas a disseminação em um poema do nome de um deus ou de um personagem importante, por meio de uma espécie de "paráfrase fônica" (cf. um exemplo no Anexo). Bruscamente, ele renunciou a essa investigação que, sabe-se por sua correspondência,

A questão do sentido

167

apaixonava-o, quando lhe pareceu que não só *toda* a poesia latina, mas qualquer texto em prosa de toda a literatura indo-europeia poderia ser lida dessa forma, crivada de anagramas que não se podia mais acreditar que fossem deliberados. Longe do que buscava provar, não teria ele encontrado uma confirmação inquietante de sua própria visão do objeto-língua, portador em sua própria materialidade de uma proliferação irracional e indomável de significações?

Trata-se apenas de uma hipótese interpretativa concernente a essa interrupção que ele não comentou, como se pode fazer acerca de numerosos silêncios que pontuam sua carreira ou deixam lacunar a escrita de seus manuscritos. Contrariamente ao que agradou a muitos pensar nos anos que se seguiram à publicação parcial dos cadernos, essa atividade misteriosa de textos de decifração de textos que ele supunha crípticos, não me parece o indício de uma natureza dupla do homem Saussure, a face oculta de uma loucura que teria mascarado a racionalidade do *Curso*; a leitura dos manuscritos mostra, qualquer que seja seu tema, a mesma pertinácia sem resultado em compreender o que faz a especificidade da língua, objeto sem análogo e fora de qualquer garantia.

6

O efeito Saussure

> O auditório ficava em suspenso por esse pensamento em formação que se criava à sua frente e que, no momento em que se formulava da maneira mais rigorosa e mais atraente, colocava em espera uma fórmula mais precisa e mais atraente ainda. (Meillet)

O que concluir dessa apresentação do *CLG*, primeiramente simplificada e, em seguida, deliberadamente perturbada pelo recurso aos manuscritos? Seria necessário, por fim, à custa de um logro quanto à pessoa do autor e de uma simplificação de seu pensamento, ater-se ao texto dos editores, o único diretamente legível, ou escolher se perder na fascinação de notas disjuntas, repetitivas, com lacunas por vezes tão curiosamente pontuadas (pausas do pensamento ou da respiração...)? Em todos os casos, só se pode esperar uma reconstituição, logo, uma interpretação. Se for buscada a última palavra de uma teoria e a verdade de um pensamento, é melhor renunciar a Saussure. Da mesma forma, sem dúvida, se for demandado um programa científico bem acabado e que deve apenas ser desenvolvido; pois a pesquisa linguística hoje, na diversidade de seus temas, está longe das preocupações saussurianas. O *Curso* seria, então, um objeto datado, só tendo como interesse o uso que dele fez o estruturalismo e do qual só restaram hoje, na melhor das hipóteses, alguns princípios de método? Seriam os textos saussurianos, doravante, reservados aos filólogos e aos historiadores?

Tais perguntas não são inteiramente retóricas, pois está claro que "a ciência" hoje se faz alhures, mais frequentemente no esquecimento ou no afastamento deliberado tanto das afirmações saussurianas como de suas questões. Não que suas dúvidas tenham encontrado respostas; elas são simplesmente ignoradas. A instabilidade desse objeto "sem análogo" que Saussure espreitava sob o nome de "língua" não oferece base tranquilizadora para a descrição nem para a explicação; o *bricolage* permanente da língua, esse "vestido feito de emendas", presta-se mal à formalização e a natureza de suas propriedades confunde em demasia o pensamento:

> É absolutamente evidente, mesmo *a priori*, que não haverá nunca um único fragmento de língua que possa se fundar sobre outra coisa, como princípio último, que sobre sua não coincidência com o resto. (*E. I*, 265)

O que fazer dessa certeza quando se visa a uma positividade? Jean-Claude Milner, em publicação recente, constata: "É verdade que a página parece virada. Na linguística, em todo caso, uma doutrina tão regrada não evitou a esterilidade. Foi necessário renunciar a ela e encontrar, para definir os objetos e seu tipo de existência, modos mais clássicos [...] Consequentemente, a tentativa de Saussure permanece surpreendente e admirável". É assim que, sob o título programático e promissor, *Retorno a Saussure*, Milner incita à leitura do *Curso* tanto os linguistas que ela "obriga a não tomar nada por evidente" quanto aqueles "a quem a linguagem importa".

Isso equivale a dizer que é necessário ver em Saussure um filósofo? Sabe-se que lhe ocorria mencionar, a respeito de suas inacabáveis reflexões, uma "linguística filosófica". Todo seu empreendimento de revisão terminológica, bem como a forma como ele chega ao questionamento do núcleo teórico da linguística de seu tempo, parecem, por certo, o empreendimento de um cientista pesquisador, porém destinado a sanear as práticas de descrição em que se viu preso na questão filosófica dos fundamentos; vê-se que uma epistemologia consequente abre-se para uma ontologia. A semiologia, cujos princípios foram apenas expostos por Saussure, seria então a filosofia suscetível de fundar ciências novas, aquelas que ele anuncia como "semiológicas". Sem tomar posição explícita no debate contemporâneo sobre o estatuto das ciências sociais (ciências da natureza/ciências do espírito), ele propõe, com o princípio semiológico, uma resposta bem diferente, cujos avatares podem ser acompanhados em tudo que, desde então, autodenominou-se "semiótica". Sob termos um pouco diferentes, o debate é fértil ainda hoje.[1]

Concluiremos aqui com o efeito do abalo do sujeito filosófico clássico, característico de uma modernidade em que Saussure exerceu seu papel contra o discurso dominante da ciência. O modo com que ele colocou em questão, no seio de uma ciência até então tranquilamente positivista, tudo o que proporcionava, para um sujeito falante, a garantia de seu discurso e de sua consciência, ainda hoje nos perturba. Antecipando Freud, como já foi dito, e retomado a seu modo por Lacan, ele atraiu a atenção, quase à sua revelia – pois buscava unicamente a racionalidade –, sobre a atividade estranha do ser falante,

---

1. Um colóquio sobre o tema *Saussure et l'interdisciplinarité* (Zurique, novembro de 1999) retomou essa perspectiva semiológica no âmbito dos debates atuais.

ao mesmo tempo consciente e inconsciente das operações que ele desdobra ao ser tomado por uma língua que só existe porque ele a partilha com outros e porque ela lhe impõe, de fora, o que ele acredita escolher dizer. A ciência positiva da linguagem não cessa de recobrir essa potencialidade crítica, e é por isso que é importante a volta à leitura do *CLG*, único texto, até aqui, facilmente legível; os manuscritos, diversamente acessíveis nas edições críticas e nos trabalhos recentes que os utilizam, longe de impor uma leitura por fim acabada, contribuem para nutrir as questões sempre vivas acerca da linguagem, das línguas, da linguística e do próprio Saussure em sua intimidade fugidia. Nós o deixaremos diante deste fragmento cujo termo final, que se anunciava preciso e sublinhado, permaneceu vazio e deliberadamente pontuado:

> Seria necessário confessar nosso pensamento íntimo? É de se crer que a visão exata do que é a linguagem não conduza a duvidar do futuro da linguística. Há desproporção para esta ciência, entre a soma de operações necessárias para apreender racionalmente o objeto e a importância do objeto: da mesma forma que haveria desproporção entre a pesquisa científica e aquilo que se dá durante uma partida de jogo e L' [ ].[2]

---

2. Essa última palavra (pode-se dizer...) é tirada da parte dos fundos dos manuscritos inéditos, intitulada "Novation morphologique", p. 178 na numeração provisória de Engler.

Anexo

Esquemas do CLG

1º) Esquema da comunicação (p. 27)

"É necessário se colocar diante do ato individual que permite reconstituir o circuito da fala."

2º) Esquemas do signo linguístico (p. 99 e 159)

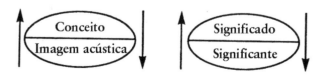

3º) "*A realidade social da língua e da marcha do tempo.*" (p. 113)

"*O que impede de se ver a língua como uma simples convenção [...] é a ação do tempo que se combina com a da força social.*"

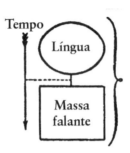

4º) "*Dualidade interna de todas as ciências operando sobre valores.*" (p. 115)

"*1º O eixo das simultaneidades (AB) concerne às relações entre coisas coexistentes em que qualquer intervenção do tempo é excluída, e 2º o eixo das sucessividades (CD) sobre o qual só se pode considerar uma coisa por vez, mas onde estão situadas todas as coisas do primeiro eixo com suas mudanças.*"

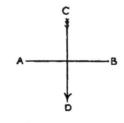

5º) "*A língua como pensamento organizado na matéria fônica.*" (p. 155)

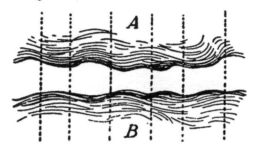

6º) Esquema do valor linguístico (p. 159)

"*A língua é um sistema em que todos os termos são solidários e em que o valor de um resulta apenas da presença simultânea dos outros.*"

7º) Esquema das relações sintagmáticas e associativas (p. 178)

"desfazer *não seria analisável se outras formas que contenham* des- *ou* fazer *desaparecessem da língua.*"

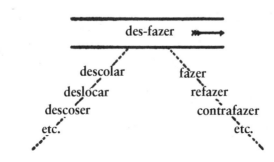

"Um dado termo é como o centro de uma constelação."

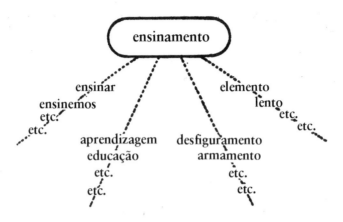

8º) Um exemplo de anagrama

Taurasia Cisaura Samnio *cēpit*
Esse é um verso anagramático, que contém por completo o nome de *Scīpiō* (nas *sílabas cī + pī + iō*, de outro modo no S de Samnio *cēpit* que inicia um grupo em que quase toda a palavra *Scīpiō* se encontra. (Citado por Starobinski, p. 29)

Breves notas sobre os autores citados

ALTHUSSER, Louis. 1918-1990: filósofo marxista, frequentemente considerado como estruturalista, embora ele próprio tenha recusado essa etiqueta.

BACHELARD, Gaston. 1884-1962: filósofo e historiador das ciências, dedicou-se a descrever a emergência do "novo espírito científico"; devem-se a ele as noções retomadas pelo estruturalismo de "obstáculo epistemológico" e de "ruptura epistemológica".

BALLY, Charles. 1865-1947: linguista genebrês, discípulo e editor de Saussure; seu nome está associado à constituição da estilística fora de qualquer preocupação literária.

BARTHES, Roland. 1915-1980: sua apresentação da teoria saussuriana no número 4 de *Communications* (1964) foi um momento importante do advento na França do que foi chamado estruturalismo.

BENVENISTE, Emile. 1902-1976: apresentou-se sempre como continuador de Saussure, cuja teoria contribuiu a fazer conhecer. Seu papel foi decisivo quanto à evolução da linguística da gramática comparada para a linguística moderna e seu nome permanece uma referência em certos desenvolvimentos atuais da análise do discurso.

BRÉAL, Michel. 1832-1915: linguista francês que foi o mestre de toda a geração dos primeiros linguistas comparatistas; sua tradução da *Gramática comparada,* de Bopp (em 1866), permitiu o desenvolvimento do comparatismo na França; Saussure o substituiu na École des Hautes Études, mas voltou para Genebra no momento em que poderia tê-lo substituído no Collège de France. Bréal é o criador do termo semântica.

CHOMSKY, Noam. 1928- : linguista americano contemporâneo, conhecido desde os anos 1960 por sua oposição ao estruturalismo behaviorista americano e, correlativamente, pela introdução e pelo desenvolvimento, na linguística formal, de uma nova teoria (gerativismo).

COMTE, Auguste. 1798-1857: filósofo fundador do movimento positivista, cuja influência sobre a filosofia e sobre as ciências foi considerável no século XIX.

CULIOLI, Antoine. Linguista francês contemporâneo ligado ao desenvolvimento de uma teoria semântica que designou como linguística da enunciação,

DURKHEIM, Emile. 1858-1917: filósofo geralmente considerado como fundador da sociologia francesa que adquiriu, com sua escola, um lugar dominante na pesquisa e na universidade.

HENRY, Victor. 1850-1907: professor de sânscrito e de gramática comparada, conhecido sobretudo, hoje, por suas reflexões gerais sobre a linguística e a apresentação de um caso de glossolalia que interessara Saussure.

HJELMSLEV, Louis. 1899-1965: linguista dinamarquês, fundador, junto com Viggo Bröndal, do Círculo Linguístico de Copenhague e de sua revista *Acta Linguistica*, revista de linguística estrutural; sob o nome de glossemática, desenvolveu uma teoria da linguagem que percebia como em continuação a Saussure.

HUMBOLDT, Wilhelm von. 1767-1835: filósofo e político alemão; apaixonado pela filologia e pela antropologia, buscava uma filosofia da linguagem que se nutria das descrições de línguas muito diversas; tido como oposto a Saussure pelos adversários do estruturalismo, é frequentemente considerado, hoje, como próximo do projeto semiológico saussuriano.

JAKOBSON, Roman. 1896-1982: linguista russo, cofundador do Círculo Linguístico de Praga, em seguida, do Círculo Linguístico de Nova York; adotou a cidadania americana e faleceu em Boston. Considerado um dos fundadores do estruturalismo, foi, de fato, relativamente crítico às teses saussurianas.

MEILLET, Antoine. 1866-1936: linguista francês, especialista em gramática comparada das línguas indo-europeias e preocupado com a constituição de uma linguística geral. Sua concepção da língua como fato social o aproxima de Durkheim, com o qual colaborou, durante muito tempo, na *Année Sociologique* e faz dele um pioneiro da sociolinguística francesa.

MÜLLER, Max. 1823-1900: linguista orientalista de origem alemã, professor em Oxford; conhecido, acima de tudo, pelo fato de sua concepção especulativa da linguagem ter sido violentamente criticada por W. D. Whitney.

SCHLEICHER, August. 1821-1868: linguista alemão, especialista em gramática comparada; quis sintetizar os resultados em uma teoria geral da linguagem que foi criticada tanto por Whitney como por Saussure. Para ele, a linguística devia ser uma ciência natural.

SECHEHAYE, Albert. 1870-1946: linguista genebrês, discípulo e editor, com Bally, de Saussure; tinha dedicado a Saussure, em 1908, sua obra *Linguística teórica*; sua resenha sobre o *CLG* é o que mais insiste sobre a novidade da teoria saussuriana.

VENDRYES, Joseph. 1875-1960: linguista francês especialista em céltico; publicou com Meillet diversas obras de linguística europeia.

V. VOLOŠINOV, aluno de Bakhtin (1896-1982), morto nos anos 1930; criticou particularmente Saussure em *Marxismo e filosofia da linguagem*. Pensou-se que Vološinov era um heterônimo de Bakhtin.

WAGNER, Robert-Léon. 1905-1981: linguista francês que contribuiu amplamente com Georges Gougenheim (1900-1972) para instaurar a linguística francesa no ensino universitário.

WHITNEY, William Dwight. 1827-1894: linguista americano especialista em sânscrito, é sobretudo conhecido por suas concepções em linguística geral; por sua insistência sobre o caráter social e convencional da linguagem, foi considerado um precursor de Saussure.

Indicações bibliográficas

Edição de textos e trabalhos críticos

SAUSSURE, F. *Mémoire sur le système primitif des voyelles indo-européennes*. Leipzig: B. G. Teubner, 1879.

Cours de linguistique générale, publicado por C. Bally e A. Sechehaye, com a colaboração de A. Riedlinger. Lausanne-Paris: Payot, 1916. [Ed. bras.: *Curso de linguística geral*. São Paulo: Cultrix, 1969.]

Cours de linguistique générale, edição crítica por R. Endler. Wiesbaden: Otto Harrossowitz, 1968, 1974.

Cours de linguistique générale, edição crítica por Tullio de Mauro. Paris: Payot, 1972.

Cours de linguistique générale. Premier et troisième cours d'après les notes de Riedlinger et Constantin, texto estabelecido por E. Komatsu, Université de Gakushuin, *Recherches Université Gakushuin*, nº 24, 1993.

AMACKER, R. *Linguistique saussuriennne*. Genebra: Droz, 1975.

ARRIVÉ, Michel. *Linguistique et psychanalyse*: Freud, Saussure, Hjelmslev, Lacan et les autres. Paris: Méridiens-Klincksieck, 1986. [Ed. bras.: *Linguística e psicanálise*. 2ª ed. São Paulo: Edusp, 2001.]

BOUQUET, S. *Introduction à la lecture de Saussure*. Paris: Payot, 1997.

FEHR, J. *Saussure entre linguistique et sémiologie*. Paris: PUF, 2000.

GADET, F. *Saussure*: une science de la langue. Paris: PUF, 1987.

GODEL, R. *Les sources manuscrites du* Cours de linguistique générale *de F. de Saussure*. Genebra: Droz, 1957.

KOERNER, K. *Bibliographia Saussureanna 1870-1970*. Metuchen (NJ): Scarecrow, 1972.

MILNER, J. C. *L'Amour de la langue*. Paris: Seuil, 1978. [Ed. bras.: *Amor da língua*. Porto Alegre: Artes Médicas, 1987.]

_____. "Retour à Saussure". In: *Lettres sur Tous les Sujets*, nº 12, Paris, 1994.

PARRET, H. "Les manuscrits saussuriens de Harvard", edição parcial. In: *Cahiers Ferdinand de Saussure*, nº 47, Genebra, 1993-1994.

STAROBINSKI, J. *Les mots sous les mots*: les anagrammes des Ferdinand de Saussure. Paris: Gallimard, 1971. [Ed. bras.: *As palavras sob as palavras*. São Paulo: Perspectiva, 1974.]

Antes e em torno de Saussure

HENRY, V. *Antinomies linguistiques*, Paris: Germer-Baillières, 1896 (reeditado por Didier Erudition).

MEILLET, A. *Linguistique historique et linguistique générale*. Paris: Champion, 1921.

WHITNEY, W. D. *The Life and Growth of Language*. Nova Iorque: Appleton, 1875.

Encontram-se em Normand (ed.), *Avant Saussure*, Complexe Bruxelles, 1978, numerosos extratos de predecessores e contemporâneos de Saussure, em particular os relatórios do *Curso* deixados por Bloomfield, Jespersen, Meillet, Schuchardt, Sechehaye.

Para acesso aos numerosos artigos dedicados a Saussure nas coletâneas e revistas (em particular, os dos *Cahiers Ferdinand de Saussure* [*CFS*]), Bouquet, 1997, e Fehr, 2000, dão referências abundantes: elencaremos apenas alguns títulos:

ARRIVÉ, M. & NORMAND, C. (ed.). *Saussure aujourd'hui*. Colloque de Cerisy, nº especial de *LINX*, Université de Paris X – Nanterre, 1995.

BOUQUET, S.; CHISS, J. L.; PUECH, C. (ed.). "Mélanges en hommage à Claudine Normand", *Cahiers Ferdinand de Saussure*, nº 52, Genebra: Droz, 1999.

CHISS, J. L. & PUECH, C. *Le langage et ses disciples XIXe-XXe siècles*. Paris/Bruxelas: De Bœck et Larcier/Cuculot, 1999.

ENGLER, R. "Bibliographie saussurienne". In: *CFS*, nº 30 (1976), nº 31 (1977), nº 33 (1979), nº 40 (1986), nº 43 (1989).

NORMAND, C. "La question de la linguistique générale, 1880-1930". In: AUROUX, S. (ed.). *Histoire des idées linguistiques*, tomo 3. Liège: Mardaga, 2000.

ESTE LIVRO FOI COMPOSTO EM SABON
CORPO 10,7 POR 13,5 E IMPRESSO SOBRE
PAPEL OFF-SET 75 G/M² NAS OFICINAS DA
GRÁFICA ASSAHI, SÃO BERNARDO DO
CAMPO - SP, EM AGOSTO DE 2009